Manual de súper vivencia queer,
de Emma Ricci Curbastro,
compuesto con tipos Monserrat en créditos
y portadillas, y Cormorant Garamond
en el resto de las tripas,
bajo el cuidado de Dani Vera,
se terminó de imprimir
el 24 de enero de 2024,
día en que nació Virginia Woolf en 1882.

LAUS DEO

El poder sanador de la Brujería

MEG ROSENBRIAR

El poder sanador

— de la —

Brujería

GUÍA PARA BRUJAS
DE HECHIZOS
Y RITUALES

KEPLER

Argentina – Chile – Colombia – España
Estados Unidos – México – Perú – Uruguay

Título original: *The Healing Power of Witchcraft*
Editor original: Zeitgeist, an imprint of Zeitgeist™, a division of Penguin Random House LLC
Traducción: Vanesa Fusco

1.ª edición Julio 2024

ISBN: 978-84-16344-94-9
E-ISBN: 978-84-10159-64-8
Depósito legal: M-12.104-2024

Fotocomposición: Urano World Spain, S.A.U.

Impreso por: Rodesa, S.A. – Polígono Industrial San Miguel – Parcelas E7-E8
31132 Villatuerta (Navarra)

Impreso en España – *Printed in Spain*

Para los Kent y los Rosy.
Que sean jóvenes para siempre.

ÍNDICE

BIENVENIDA

✳

T e doy la bienvenida al mundo mágico de la sanación a través de la brujería. Soy Meg, la Bruja de la Costa, y me dedico a sanar mediante la magia práctica y una vida con intención. Aunque he estudiado Religión hasta nivel de posgrado, los aprendizajes más importantes y el mayor crecimiento personal los he experimentado en mi altar de bruja. Empecé a practicar la brujería conectando conmigo misma y reverenciando los ciclos de la naturaleza. A medida que ampliaba mis conocimientos sobre la brujería, ocurrió algo poderoso: logré una mayor conexión con mis vecinos, mis comunidades y también mi planeta. Sigo descubriendo que, cuanta más energía mágica utilizo, más energía mágica puedo ofrecer y compartir con los demás para ayudarlos y sanarlos.

Creo que todas las personas tenemos el poder de utilizar la magia para sanarnos y sanar nuestras comunidades y nuestro planeta. Las brujas lo canalizan a través de hechizos intencionados, rituales y contemplación. En la parte uno, te guio para que inicies tu propio camino por la magia, presentándote los elementos de la brujería que necesitarás conocer antes de empezar a trabajar con hechizos de sanación. En las partes dos, tres y cuatro, te explico la magia práctica y sanadora que puedes practicar para ti misma, para tus comunidades y para tu planeta. Aunque nadie debería reemplazar su plan de salud sin hablar primero con su médico, este libro te brindará un enfoque alternativo y holístico guiado por los fundamentos de la brujería para alcanzar el bienestar. Tendremos en cuenta tanto la sanación corporal como la emocional, abordando las tensiones actuales con modernas prácticas de brujería que han sido creadas para las ocupadas brujas de hoy en día.

Este libro es una guía accesible a la brujería para conseguir la sanación, incluso para las brujas más novatas, y ofrece prácticas sencillas con las que explorar el poder sanador. Para realizar los hechizos, se necesitan elementos que no son costosos y que se consiguen con facilidad. Los ingredientes mágicos tradicionales que se utilizan son plantas, hierbas y especias, pensados para que las brujas que acaban de iniciarse conozcan los aspectos básicos de la hechicería. También se utilizan ingredientes mágicos no tradicionales, como cristales y aceites esenciales, para alinear tus prácticas con las modernas técnicas de bienestar, que tal vez ya estés aplicando con buenos resultados. Las brujas experimentadas valorarán la perspectiva integral y el enfoque intuitivo como una forma de fortalecer y ampliar sus propias prácticas de sanación. Todas las brujas que lean este libro descubrirán lo poderosa que puede ser una bruja a la hora de sanar el mundo.

La brujería consiste tanto en experimentar el recorrido como en alcanzar el destino. Te deseo mucha paz y muchos éxitos en tu recorrido por una brujería que busca la sanación. Que así sea.

PARTE UNO

Brujería y Sanación

Las brujas adoptan su estilo de magia mediante el reconocimiento de su propio ser y de los ciclos universales de los que forman parte. Cuando una persona o su entorno están enfermos o desequilibrados, las brujas lo saben. Las brujas quieren ayudar y quieren devolver la salud o el equilibrio. Como dijo Ray Bradbury: «Una bruja surge de las verdaderas carencias de su época».

La buena noticia es que todas las brujas tienen una capacidad innata para sanar por medio de la magia. Una bruja puede seguir distintos caminos para trabajar con la magia, pero la que es sabia es consciente de que trabajar con una magia abundante, sana y plena es la forma de magia más poderosa. Por lo tanto, todas las brujas pueden sacar provecho de explorar la sanación a través de la magia.

Una bruja comprende que su propia intuición e intenciones son las herramientas más poderosas que puede usar, pero también que su éxito se ayuda de herramientas mágicas como hierbas, aceites, conjuros y fechas. No hay duda de que es posible hacer magia real para sanar, pero una bruja debe conocer primero los elementos y principios que sustentan la magia. En esta sección del libro, aparecerá todo lo que necesitas saber antes de sanarte a ti misma, a tus comunidades y al planeta.

1

UTILIZA TU PODER PARA SANAR

L a brujería es la magia en acción. La magia es la utilización de la energía como medio para alcanzar un fin. Nuestro universo está regido por energías interconectadas y sus correspondientes propiedades metafísicas. La brujería proporciona un conducto para esas energías, con el objetivo de generar cambios positivos. La brujería para la sanación consiste en cambiar o dispersar la energía no deseada, a fin de prosperar y alcanzar la plenitud. A medida que desaparecen las energías viejas y echan raíces las nuevas, la persona o situación comienza a sanar. Y a eso, brujas mías, es a lo que nos referimos cuando hablamos de «magia real».

El poder sanador de la brujería proviene de dos fuentes: la bruja y el universo. La bruja es la agente, la creadora. El universo proporciona los ingredientes y la receta para conseguir los resultados que deseamos. Este capítulo te servirá de guía para comprender los aspectos básicos de la brujería y te brindará un marco para los hechizos y rituales que se explican más adelante. Primero, exploremos siete principios de la brujería que toda bruja debe abrazar para obtener los resultados mágicos más positivos.

LOS SIETE PRINCIPIOS RECTORES DE LA BRUJERÍA

$$=\!=\!=\!=\!=\ *\ =\!=\!=\!=\!=$$

Las brujas se comprometen a respetar los principios rectores de sus prácticas para crear una magia que siempre sea poderosa. Desde luego, los recorridos que siguen las brujas son tan variados como las brujas mismas; sin embargo, estos siete principios rectores establecen el marco para la vida mágica.

1. CONEXIÓN CON EL PROPIO SER

En la entrada del antiguo templo de Delfos, está inscrita la frase «Conócete a ti mismo». Hoy en día, estas palabras que han sobrevivido al paso del tiempo contienen la misma sabiduría que en la Antigüedad. Tú eres tu herramienta más poderosa. Son tu intuición, tu sabiduría y tu experiencia las que impulsan todos tus procesos mágicos. Por lo tanto, es esencial que te conozcas. Una vez que reveles quién eres, más allá de lo que la sociedad te diga que seas, y más allá de las experiencias traumáticas que hayas sufrido, llegarás a ser una bruja auténtica. Si una bruja es REAL, ocurre magia REAL.

¿Cómo se logra este proceso? ¡Desde luego que no se consigue de un día para otro! Recuerda darte un tiempo de gracia. Debes comprender que el proceso de introspección, muchas veces llamado «trabajo de sombras», puede ser desordenado y desafiante. También es algo sumamente empoderador y una aventura que te cambiará la vida. De hecho, he descubierto que cuanto más auténtica es una bruja, más feliz vive.

Estas son algunas formas en las que puedes conectarte contigo misma:

- Usa una calculadora de carta astral. Hay muchas calculadoras gratuitas en línea y muchos libros con los que podrás entender el significado de tu carta. Analizar cómo estaban ubicados los planetas en el momento en que naciste es muy revelador.
- Realiza otras evaluaciones de personalidad de confianza, como el test de Myers-Briggs o el eneagrama, y compáralos. ¿Qué puntos en común puedes identificar? ¿Qué aspectos te provocan orgullo? ¿Cuáles necesitas mejorar? Vuelve a hacer estos tests en distintos momentos de tu vida para ver si las cosas han cambiado.
- Llevar un diario, meditar, hacer yoga, cocinar, crear y hacer actividades artísticas son excelentes formas de conectarte contigo misma.

2. CONEXIÓN CON LA NATURALEZA

La naturaleza es nuestra guía hacia el mundo de la magia. Todo lo que necesitamos para que se cumpla nuestra voluntad está dentro de la vasta red de energía que conforma el universo al que pertenecemos. Por lo tanto, conocer los ciclos y las propiedades de nuestro universo físico resulta esencial para realizar buenos hechizos y sanaciones. El universo tiene dos partes: el cielo y la tierra. Decimos que el aspecto físico de la tierra es la naturaleza y que el cielo es el cosmos. Cada uno tiene sus ciclos únicos pero interconectados.

Para lograr la conexión con el ciclo de las estaciones terrenales, en brujería se celebran ocho *sabbats* o festividades, que se conocen como la Rueda del Año. Esta rueda comienza con Samhain (Halloween), el Año Nuevo de las Brujas, y continúa con el cambio de las estaciones, marcando comienzos y finales a medida que recorremos el año. En la siguiente tabla, se incluyen los ocho *sabbats,* la fecha en la que suelen caer y la estación que anuncian en el hemisferio norte (en el hemisferio sur las fechas se corren seis meses). También he incluido los temas, colores y símbolos correspondientes a cada uno y con los que puedes decorar tu altar u hogar para canalizar la energía de cada *sabbat* hacia tu entorno. Ten en cuenta que las fechas pueden variar ligeramente de un año a otro, porque la astronomía en la que se basa cada *sabbat* registra una pequeña variación cada año. Al celebrar estas fechas clave, las brujas podemos procesar los cambios deshaciéndonos de lo viejo y dando la bienvenida a lo nuevo.

SABBAT	FECHA	CELEBRACIÓN	ASPECTOS CENTRALES	COLORES	SÍMBOLOS
SAMHAIN	31 de octubre	Año Nuevo de las Brujas.	Tercera cosecha, finales, comunión con el mundo de los espíritus.	Naranja, negro, morado.	Calabazas, hojas, bellotas, velo.
YULE (Solsticio de invierno)	21 de diciembre	Comienzo del invierno.	Renacimiento.	Rojo, verde, plateado, dorado, blanco.	Hojas perennes, piñas de pino, acebo, tronco de Yule.
IMBOLC	1 de febrero	Punto medio entre el invierno y la primavera.	Primer festival de la fertilidad, esperanza.	Verde, blanco, rojo.	Velas, llama, caldero, campanilla de invierno.
OSTARA (Equinoccio de primavera)	20 de marzo	Comienzo de la primavera.	Segundo festival de la fertilidad, comienzos.	Verde, amarillo, rosa, blanco, lavanda.	Huevos, animales recién nacidos, brotes de plantas.

BELTANE	1 de mayo	Punto medio entre la primavera y el verano.	Tercer festival de la fertilidad, sexualidad.	Verde, colores fuertes.	Flores, vegetación.
LITHA (Solsticio de verano)	21 de junio	Comienzo del verano.	Dualidad, equilibrio.	Verde, amarillo, dorado, rojo.	Girasoles, abejas, mariposas.
LAMMAS	1 de agosto	Punto medio entre el verano y el otoño.	Primera cosecha, seguridad.	Amarillo, marrón, dorado.	Hogaza de pan, figuras de paja.
MABON (Equinoccio de otoño)	23 de septiembre	Comienzo del otoño.	Segunda cosecha, abundancia.	Dorado, naranja, marrón, rojo, verde oscuro.	Frutas, frutos secos, semillas.

3. CONEXIÓN CON EL COSMOS

Una bruja comprende que ocupa un lugar en el universo. Sabe que no es una figura independiente, sino un ser que guarda una profunda conexión con los ciclos de los cuerpos celestes. El Sol y la Luna afectan a la bruja, así como a sus poderes y su trabajo. Al vivir de forma intencionada, a lo largo de estos ciclos una bruja consigue los resultados deseados para sus hechizos y su trabajo de sanación. Sí, desde luego que es posible realizar un hechizo sin seguir la guía que nos ofrece el cosmos. No pasará nada malo. Sin embargo, es mucho más sensato alinear los hechizos con la energía cósmica, ya que ello le da un impulso instantáneo al trabajo llevado a cabo. Con una breve consulta para saber dónde están ubicados el Sol y la Luna, puedes adaptar el método de hechizo más eficaz para ese momento concreto.

EL SOL

Es muy probable que conozcas el zodíaco occidental. Comienza en el signo de Aries en el equinoccio de la primavera boreal en marzo. A medida que la Tierra gira alrededor del Sol, este parece avanzar por la rueda zodiacal del siguiente calendario. Cada zodíaco contiene su propio flujo de energía, y cada signo del zodíaco pertenece a un elemento en particular: fuego, tierra, aire o agua.

SIGNO	FECHAS	ELEMENTO
ARIES	20 de marzo a 19 de abril	Fuego
TAURO	20 de abril a 20 de mayo	Tierra
GÉMINIS	21 de mayo a 20 de junio	Aire
CÁNCER	21 de junio a 22 de julio	Agua
LEO	23 de julio a 22 de agosto	Fuego
VIRGO	23 de agosto a 22 de septiembre	Tierra
LIBRA	23 de septiembre a 23 de octubre	Aire
ESCORPIO	24 de octubre a 22 de noviembre	Agua
SAGITARIO	23 de noviembre a 21 de diciembre	Fuego
CAPRICORNIO	22 de diciembre a 20 de enero	Tierra
ACUARIO	21 de enero a 19 de febrero	Aire
PISCIS	20 de febrero a 19 de marzo	Agua

LA LUNA

La Luna se mueve por el zodíaco siguiendo el mismo orden que el Sol y cambiando de ubicación zodiacal cada dos días y medio, en lugar de cada mes como el Sol. (Nota: los breves períodos en los que la Luna no se encuentra en ningún signo zodiacal se denominan «vacío de curso». Por lo general, estos períodos se consideran momentos de descanso en los que no se hace magia, dado que durante ese tiempo la energía resulta caótica e insustancial).

Las fases de la Luna también afectan a los procesos mágicos. A continuación, se enumeran los tipos de hechizos correspondientes a las fases de la Luna. En este libro, nos concentraremos principalmente en las fechas de la luna nueva y la luna llena, pero muchos de los hechizos también pueden lanzarse en las dos semanas del período menguante y las dos del creciente. Recuerda que no es necesario que esperes a que la Luna esté en la fase sugerida para realizar un hechizo; puedes cargar materiales mágicos en cualquier fase de la Luna, que es intrínseca a la brujería en todas sus fases. Además, la mayor parte de la magia reside en tu intención, por lo que la fase adecuada de la Luna no es más que una ayuda para que el hechizo dé buenos resultados.

LUNA NUEVA: ideal para hechizos relacionados con nuevos comienzos, nuevas relaciones, nuevas iniciativas comerciales, nuevos conocimientos o conciencias, y para hechizos con los que se busca soltar el pasado.

CUARTO CRECIENTE: ideal para hechizos relacionados con la familia, el aprendizaje, el crecimiento, la manifestación de objetivos y la revelación de caminos.

PRIMER CUARTO: ideal para hechizos relacionados con la fortaleza, la durabilidad, la resistencia, los objetivos y los logros.

GIBOSA CRECIENTE: ideal para hechizos relacionados con el dinero, la abundancia, la competencia, los cambios positivos y la buena salud.

LUNA LLENA: ideal para hechizos relacionados con la sanación, la intuición y el poder de la brujería.

GIBOSA MENGUANTE: ideal para hechizos en los que se busca cortar malos hábitos o finalizar relaciones tóxicas.

ÚLTIMO CUARTO: ideal para hechizos relacionados con la sanación reparadora, para restaurar relaciones deterioradas y para hacer brujería en la cocina o en el hogar.

LUNA MENGUANTE: ideal para hechizos relacionados con el descanso sanador, el amor propio y el destierro.

4. COMPROMISO CON EL CONOCIMIENTO Y EL APRENDIZAJE

El objetivo de una bruja es el crecimiento y la transformación. Algunas aprenden de forma lenta pero estable y prefieren quedarse con lo que conocen, pero también enriquecer sus prácticas con ideas seleccionadas a conciencia. Otras pasan de un tema al siguiente con voracidad y aprenden todo lo que pueden. Tal vez estés en un punto intermedio. Lo importante es que lo estático no tiene cabida en la brujería. El mundo exterior evoluciona y crece, y la bruja debe hacer lo mismo para mantener el equilibrio y la claridad. Desde luego, la recompensa es la sabiduría; una virtud que solo puede realzarse con la praxis.

5. LLEVAR UNA VIDA SANA E INTENCIONAL

Nuestro cuerpo es el sostén de nuestra magia, por lo que es una prioridad cuidarlo llevando una vida sana y saludable para garantizar los resultados más potentes. Esto no quiere decir que las brujas no se pasen algunos fines de semana comiendo *fast food* y viendo las películas de Harry Potter, pero el objetivo de la bruja es tomar decisiones que favorezcan su salud física. En conjunto, comer sano, estirar, hacer ejercicio y darse placeres con moderación son hábitos que impulsan el poder de los hechizos.

Una bruja también usa su intención para contribuir a su salud mental. Vivir el momento, o llevar una vida intencional, es mucho más que centrarse en lo positivo. Sí, ese modo de pensar es muy importante y poderoso, pero llevar una vida intencional consiste en aceptar y soltar. En lugar de preocuparte por el futuro o de lamentarte por el pasado, lo importante es que vivas la mejor vida posible en el momento presente. Es mejor usar tu energía para concentrarte en lo que puedes lograr en este momento. Desde luego que la reparación también es una parte esencial e intencional del recorrido de la brujería, por lo que no debes olvidar incluir el descanso como parte de tu rutina diaria.

6. LLEVAR UNA VIDA DE ALEGRÍA Y CELEBRACIÓN

Una bruja comprende el valor mágico de celebrar los momentos de la vida. Esto no quiere decir que una bruja no vea el dolor o la tristeza; de hecho, significa todo lo contrario. Una bruja celebra los logros, los hitos y la belleza de la vida gracias al dolor y la tristeza internos y externos. Si buscamos sentir en profundidad, conectar de forma amplia y restablecernos plenamente, entonces un enfoque alegre de la vida, a pesar de las adversidades, es algo que resulta mágico.

Tal vez tu viaje al trabajo sea una pesadilla, pero el sol que sale a lo lejos es digno de admiración. Y aunque es cierto que la salida del sol quizá no compensa los errores de algunos conductores nefastos, tampoco se supone que deba hacer eso. El sol inmutable está ahí por conmiseración, compañía e inspiración.

«¿Ves, bruja? —dice el sol—. Yo seguiré saliendo y tú seguirás disfrutándolo». Esos momentos te demuestran que puedes disfrutar más si llevas una vida de alegría y celebración; una actitud que invita a entrar en tu vida a las vibraciones mágicas y sanadoras.

7. SEGUIR EL CÓDIGO DE ENERGÍA DUAL

Por último, toda bruja debe respetar este antiguo código de energía universal, atribuido a Hermes Trismegisto, el padre del Hermetismo:

Como es arriba, es abajo;
como es dentro, es fuera.
Como es el universo,
es el alma.

Por cada acción, hay una reacción. Por cada macrocosmos, hay un microcosmos. Por cada alma, hay una estrella. Las brujas buscan honrar y hacer sitio a este equilibrio para prosperar y crecer. Es como es, y las brujas abrazan esta realidad dual para alinearse y alinear su magia con el gran poder de la energía.

TU RECORRIDO EN LA BRUJERÍA

Todas las personas hacen un recorrido distinto para iniciarse en la brujería. Más allá de los pocos casos en los que alguien nace en una familia de brujas, casi todas comienzan sus prácticas cuando son más mayores. Sin embargo, entre quienes integran este último grupo, la mayoría comparte una vocación o sensación de que su destino siempre fue el de una vida de brujería. Las siguientes son algunas señales de que tu vocación es la brujería:

- Sientes que tienes una relación especial con la Luna y las estrellas, y sueles observarlas con deseo y en compañía.
- Atraes a los animales: se te posan mariquitas y mariposas, y los animales perdidos te encuentran.
- Sientes una profunda conexión con los ciclos de las estaciones, la naturaleza y las plantas.
- Sientes la necesidad de recoger caracolas marinas, piedras, huesos, cristales y otros regalos de la tierra.
- Eres empática o una persona de gran sensibilidad.
- El agua te calma, ya sea sumergiéndote en ella o teniéndola cerca.
- Observas patrones numéricos que se repiten y otros aparentemente casuales.
- Tienes un fuerte sentido de la intuición o del conocimiento.
- Ya no te identificas con las religiones contemporáneas y patriarcales.
- Buscas formar parte de una comunidad que se base en puntos en común, no en jerarquías.
- Sientes la necesidad de ayudar y sanar a los demás.

¿QUÉ TIPO DE BRUJA ERES?

Si haces una búsqueda en Internet, encontrarás cientos de listas de distintos tipos de brujas. Sin duda, la identidad es importante. A continuación, incluyo una breve lista de referencia de los «tipos» de brujas más comunes para que te sirva de introducción mientras formulas tu propio recorrido en la brujería.

BRUJA ELEMENTAL: en su práctica, trabaja con uno de los elementos (tierra, aire, agua, fuego) o una combinación de varios.

BRUJA CÓSMICA: trabaja con la astrología, los ciclos del Sol y la Luna, y las cartas natales.

BRUJA DEL GLAMOUR: trabaja con el amor, la belleza, el amor propio y los conjuros.

BRUJA DEL CERCO: sanadora solitaria que trabaja con hierbas y plantas, adivinación y liminalidad.

BRUJA VERDE: cuidadora de las plantas, la naturaleza, los jardines y las huertas que crea pócimas naturales para el bienestar.

BRUJA DE LA COCINA: cocina con intención e ingredientes mágicos.

BRUJA DEL HOGAR: persona que se dedica a su hogar y tiene intenciones mágicas.

BRUJA ECLÉCTICA: término moderno referido a una bruja que practica la magia de muchas formas distintas.

Esta lista no es de ningún modo exhaustiva y muchas brujas practican distintos tipos de magia, como queda demostrado con el último término: la bruja ecléctica. De hecho, este libro se inspira en todos estos tipos de bruja, porque todas ellas son sanadoras. Buscan adoptar un enfoque más conectado y saludable para recorrer el camino que les interesa, ya sea el de la magia con cristales, la magia del amor, la magia de la manifestación, el *coaching* espiritual, la magia herbal o cualquier otro. Este libro resulta esencial para todos los tipos de bruja y busca acompañarlas en el recorrido que elijan.

¿BRUJA SOLITARIA O AQUELARRE?

Tradicionalmente, una bruja solitaria practica la brujería sola, mientras que un aquelarre es un grupo de brujas que practican la brujería juntas. Cada bruja decide cómo quiere practicar su magia. Sin embargo, en esta era de la información, es muy probable que incluso la bruja que prefiere practicar sola esté influenciada por las redes sociales y las tendencias actuales de la brujería. Asimismo, la bruja que practica dentro de un aquelarre puede acceder a materiales de brujería externos gracias al gran grimorio que es Google. Esta modernidad en la que se puede tener acceso a una gran cantidad de información ha dado origen a una dicotomía más flexible entre la bruja solitaria y el aquelarre.

Mi recomendación para la bruja novata es que deje a un lado esta dicotomía y se concentre en buscar a personas afines con las que ampliar sus conocimientos. Con la llegada de las redes sociales, se pueden buscar amigas brujas como nunca antes en la práctica de la brujería. Explora *hashtags* en Instagram que te llamen la atención, como #cristales o #brujadefuego, y mira de qué hablan las personas que los usan. Únete a la conversación y conoce a nuevas colegas. A medida que modificamos las ideas anticuadas acerca del concepto de «comunidad», sobre todo de «aquelarre», va cambiando la libertad con la que cada persona busca los métodos más efectivos para su práctica. Busca a personas afines y conócelas mejor. Haz causa común con ellas si te parece lo adecuado para tu práctica de la magia.

EL ESTADO MENTAL DE LA BRUJA

Para que los hechizos sean lo más eficaces posible, la bruja tiene que estar en un estado mental calmado, abierto y positivo. Nuestras emociones están cargadas energéticamente y, cuando no las podemos controlar, la energía de nuestros procesos mágicos se ve afectada. Antes de practicar brujería, tómate un tiempo para calmarte con respiraciones profundas o técnicas de centramiento. La meditación en particular nos permite guiar nuestra voluntad y dejar espacio para la paz. Dado que la brujería consiste en dirigir la energía deliberadamente, tu estado mental es de suma importancia.

ESTABLECER INTENCIONES CLARAS Y POTENTES

Una vez que estés centrada y lista para trabajar, debes establecer unas intenciones claras y potentes para tus hechizos. Tienes que determinar con exactitud lo que quieres lograr con ellos. Esto ayuda al universo a entender el tipo de energía que estás tratando de conjurar. También te permite identificar con claridad cuáles son tus esperanzas y expectativas. Un ejemplo de una intención clara y potente sería: «Estoy haciendo este hechizo de sanación para aliviar mi ansiedad y poder dormir mejor por la noche».

Este tipo de articulación es mucho más potente que simplemente pensar: «Vaya, espero que este hechizo contra la ansiedad haga algo». Verás cómo florece tu poder en cuanto empieces a precisar tus intenciones.

UN ALTAR BIEN EQUIPADO

Una de las mejores formas de precisar tus intenciones para los hechizos es reflejarlas en la disposición de tu altar. Los altares son tan variados como las brujas que los montan, pero todos tienen componentes clave para lograr buenos hechizos.

UBICACIÓN

Elige un lugar que sea práctico y significativo para ti. Procura que el espacio que elijas para levantar el altar esté alejado de las zonas de paso de tu casa y protegido de manos curiosas. También es un espacio sagrado, así que elige una zona que te confiera poder. Elige un rincón acogedor de tu dormitorio, una mesa especial cerca de la chimenea o un espacio con una gran ventana; el lugar donde sientas la mayor inspiración.

SUPERFICIE

La mayoría de los altares son bonitos, pero ante todo son un espacio de trabajo. Deja espacio suficiente para realizar cualquier tarea que necesites, como moler hierbas, echar las cartas del tarot o crear una rejilla de cristales.

LOS CUATRO ELEMENTOS

Una bruja utiliza los cuatro elementos para realizar sus hechizos. Por lo tanto, los altares deben tener símbolos que les rindan homenaje. Estos son algunos de los elementos más utilizados para representarlos:

AIRE: varita, pluma, campanas, libros, incienso.

FUEGO: vela, athame, falo, pirámide, ceniza.

AGUA: cáliz, cuenco, bola de cristal, agua de luna, caracola marina.

TIERRA: pentáculo, moneda, piedra, planta, flor, hueso, semillas.

La vela es una de las herramientas más útiles en la brujería, porque representa los cuatro elementos. La llama es fuego, la mecha y el cuerpo de la vela son tierra, la cera derretida es agua y el humo es aire.

CORRESPONDENCIAS

Si bien no es necesario, es útil sumar correspondencias a tu altar, lo que significa vestirlo con objetos que representan los objetivos de tus hechizos, es decir, que se corresponden con ellos. Por ejemplo, al lanzar un hechizo para el amor propio, si colocas un cristal de cuarzo rosa en el altar amplificarás el poder del hechizo porque el cuarzo rosa es una piedra asociada con el amor propio. Verás que, al investigar las correspondencias adecuadas para tu altar a fin de complementar tus hechizos, comenzarás a ampliar tus conocimientos sobre las distintas energías de la brujería.

SELECCIONAR TU MODO DE BRUJA

Has alineado tu mente y tu cuerpo con la naturaleza; tus ideas están claras y el altar, preparado. ¿Qué tipo de hechizo debes realizar? En el próximo capítulo nos adentraremos en cómo debes prepararte para llevar a cabo hechizos de sanación. Pero antes te resultará útil familiarizarte con distintos modos de trabajo para ajustar tus preparativos en consecuencia:

RITUALES: un ritual es un conjunto premeditado de pasos mágicos que honran o invitan a la energía elegida. Los rituales tienen como objetivo alinear, limpiar y mejorar en lugar de cambiar o transformar.

TALISMANES: los talismanes son objetos o un conjunto de objetos que invocan una energía determinada. Los talismanes atraen la energía de su contenido.

HECHICERÍA: un hechizo es una manipulación ordenada e intencionada de la energía natural como medio para alcanzar un fin.

POCIONES: las pociones son brebajes elaborados intencionadamente con ingredientes mágicos a fin de generar cambios.

LA MAGIA INDIVIDUAL Y LA MAGIA SIMPÁTICA

En la parte dos, encontrarás hechizos para sanar tu cuerpo, mente y espíritu, para lo que utilizarás la magia individual, ya que el enfoque se hace en tu propia persona. Las partes tres y cuatro están llenas de hechizos para ayudar a tu comunidad, amigos, familia, grupos y al planeta. Vas a hacer estos hechizos en su nombre, por lo que se llama «magia simpática». No te preocupes, una bruja que se ha sanado a sí misma tiene todas las herramientas que necesita para ayudar a otros con su proceso de sanación; la magia simpática te guiará en la realización de hechizos para los demás.

ASUME TU PODER

En este capítulo te he explicado las bases para conseguir buenos resultados con la brujería, sobre todo con la brujería para la sanación. Mientras asimilas esta información, ten en cuenta que la práctica de la brujería es un proceso largo y complejo. Nadie puede esperar ser competente de la noche a la mañana, ni mucho menos ser especialista. También vale la pena tener en cuenta que ni todo el estudio del mundo puede sustituir la experiencia vivida de animarse y practicar algún tipo de brujería. ¿Todo listo para empezar, brujas mías?

2

PREPÁRATE PARA EL TRABAJO DE SANACIÓN

A condicionar tu espacio y prepararte para la sanación son una parte fundamental de la brujería. Piensa en la preparación como el acto de establecer intenciones. Al seleccionar tus métodos y herramientas y organizarlos, la mente procesa las propiedades del hechizo y empieza a canalizar las energías necesarias para que este tenga buenos resultados. En el capítulo anterior, aprendimos los principios básicos de la brujería. Este capítulo se centra en cómo podemos prepararnos a nivel práctico y espiritual para la sanación mediante nuestros conocimientos básicos de brujería.

En las páginas que siguen, te guiaré a través de las herramientas y los ingredientes mágicos de sanación más comunes, como hierbas, especias, cristales y aceites esenciales. También te explicaré métodos mágicos como el anclaje y la elevación de la energía para optimizar el poder de los hechizos. Una vez que te hayas familiarizado con tales herramientas y métodos, será el momento de lanzar algunos hechizos de sanación.

EL ARMARIO DE LA BRUJA

A medida que recorras el camino de la sanación, reunirás muchos ingredientes mágicos y objetos significativos para ayudarte en tu práctica. Para el objetivo de este libro, he seleccionado diez hierbas, diez especias, diez cristales y diez aceites esenciales para empezar. Estos ingredientes mágicos se han seleccionado por ser fáciles de usar, sencillos de encontrar o comprar, y comunes en la realización de hechizos. Además, se pueden utilizar objetos del hogar. Ahora, revolvamos en el armario de la bruja, comenzando por los imprescindibles que toda bruja necesita.

LOS IMPRESCINDIBLES

Primero, debes conseguir las herramientas esenciales para practicar la brujería con éxito. Hay siete herramientas que toda bruja debe tener en su armario:

VELAS BLANCAS: la vela es una herramienta mágica universal, ya que representa los cuatro elementos. El blanco es el color mágico universal. Una vela blanca puede reemplazar cualquier vela de color en un hechizo. Para simplificar, todas las velas que se usan en este libro son velas blancas. Recomiendo utilizar velas de unos doce centímetros, ya que son pequeñas, fáciles de usar y se consumen rápidamente.

SAL: la sal absorbe la energía negativa, ancla, delimita y protege. Para este libro utilizo sal blanca de mesa, a menos que se indique lo contrario.

ROMERO (HIERBA Y ACEITE): al igual que las velas blancas, el romero es la hierba universal de las brujas. Úsala en lugar de cualquier otra hierba o aceite para los hechizos.

CUARZO CRISTAL: al igual que el romero y las velas blancas, el cuarzo cristal es el cristal universal. Úsalo en lugar de otros cristales si no los tienes en tu repertorio.

CALDERO: necesitas un recipiente seguro en el que realizar magia con fuego y que contenga agua caliente para diversos rituales y hechizos. Si no tienes un caldero, puedes usar un cuenco resistente al calor.

ATHAME: un athame, es decir, un cuchillo ritual, resulta muy útil para consagrar, cortar y grabar herramientas mágicas. El athame también representa el elemento del fuego en un altar, lo que resulta muy útil cuando no es posible utilizar una llama abierta o humo.

FRASCOS Y RECIPIENTES: una consecuencia de la buena hechicería es, sin duda, la gran cantidad de ingredientes mágicos que se empieza a reunir. Guarda los frascos vacíos de pepinillos y las latas de café, y consigue algunos frascos de boca ancha porque los vas a necesitar para organizar tus suministros mágicos.

HIERBAS

La herboristería es uno de los métodos de sanación más eficaces que existen, como demuestran sus miles de años de uso y estudio por parte de nuestros antepasados sanadores. Cada planta tiene propiedades que pueden utilizarse con fines médicos, dependiendo de cómo se preparen y apliquen. ¿Sabías que estas mismas plantas también tienen propiedades curativas metafísicas? Piensa en la interconexión de la naturaleza y nuestra plenitud. Al igual que una planta tiene propiedades físicas que podemos identificar, como la forma de las hojas, el aroma, los patrones de crecimiento y los usos medicinales, cada planta tiene propiedades curativas mágicas que podemos aprovechar en brujería para la sanación.

Las diez hierbas que se enumeran a continuación son muy comunes y se pueden encontrar en la mayoría de las tiendas. Puedes comprar las hierbas en forma de planta o secas. Si te estás iniciando, te recomiendo que las adquieras secas para tenerlas siempre disponibles y luego ya empezarás a cultivarlas. Como alternativa, la mayoría de las tiendas de comestibles venden hierbas frescas en la sección de frutas y verduras; por lo general, junto a los paquetes de ensaladas. Es una excelente forma de obtener hierbas frescas en hojas sueltas y en ramitas cuando el hechizo lo requiera, sin necesidad de tener la planta entera. Incluso puedes comprarlas cuando no las necesites y secarlas para cuando te hagan falta. Procura guardar las hierbas secas en un lugar fresco, seco y protegido del sol para mantenerlas en buenas condiciones.

Más allá de cómo consigas las hierbas, cuando las tengas, ¡salúdalas! Dales las gracias por su magia. Diles que les infundes amor y voluntad. Establece un vínculo con tus ayudantes mágicos antes de utilizarlos para fomentar la conectividad energética.

Todas las hierbas que he seleccionado son ayudantes curativos que promueven la salud o ayudan a atraer la energía sanadora. También he enumerado las propiedades mágicas adicionales de cada hierba para darte una idea del tipo de energía sanadora a la que se prestan.

ALBAHACA (*Ocimum basilicum*): amor, felicidad, abundancia, tranquilidad.

ORÉGANO (*Origanum vulgare*): paz, anclaje, liberación, equilibrio.

PEREJIL (*Petroselinum crispum*): protección, conexión espiritual, vitalidad, pasión.

LAVANDA (*Lavandula angustifolia*): tranquiliza, ayuda a dormir, sube el ánimo, fomenta la conexión espiritual.

TOMILLO (*Thymus vulgaris*): purificación, fuerza, valentía, amor, atracción.

MANZANILLA (*Chamaemelum nobile*): limpieza, calma la ansiedad, equilibrio.

SALVIA (*Salvia officinalis*): longevidad, limpieza, protección, poderes psíquicos.

ROMERO (*Rosmarinus officinalis*): limpieza, fidelidad, longevidad, sabiduría, memoria.

MENTA (*Mentha*): abundancia, éxito, prosperidad, alegría, fertilidad, renovación.

LAUREL (*Laurus nobilis*): adivinación, concesión de deseos, protección, purificación, fuerza.

ESPECIAS

Las hierbas son las hojas de la planta, mientras que las especias se componen de todas las demás partes: semillas, flores, bayas, corteza y raíces. Para la sanación mágica, he elegido especias que es posible que ya tengas, porque las uses en la cocina o las añadas a batidos o licuados para darte un impulso extra. Cuanto mejor conozcas los ingredientes, más eficaz será el hechizo. Por eso, las especias son una muy buena incorporación al armario de una bruja principiante. Al igual que las hierbas, guárdalas en un lugar fresco, seco y protegido del sol.

Usaremos estas especias en nuestros hechizos de sanación. Todas tienen propiedades mágicas curativas. También se mencionan sus demás propiedades mágicas para que puedas asociar el tipo de energía sanadora que proporciona cada especia.

PIMIENTA DE JAMAICA (*Pimenta officinalis*): amor, suerte, prosperidad, abundancia.

CÚRCUMA (*Curcuma longa*): purificación, anclaje.

PIMIENTA NEGRA (*Piper nigrum*): valentía, destierro de la negatividad, protección.

ANÍS (*Pimpinella anisum*): conciencia psíquica, buena suerte, prosperidad, tranquilidad.

CAYENA (*Capsicum annuum*): acelera, separa, limpia, repele la negatividad.

NUEZ MOSCADA (*Myristica fragrans*): prosperidad, suerte, abundancia, conexión, ruptura de ciclos.

CLAVO DE OLOR (*Syzygium aromaticum*): protección, adivinación, alivio del estrés, prosperidad, relaciones.

CANELA (*Cinnamomum verum*): éxito, riqueza, amor, lujuria, anclaje.

AJO (*Allium sativum*): protección, vigorizante, pasión.

JENGIBRE (*Zingiber officinale*): energía, abundancia, equilibrio, sexualidad.

CRISTALES

Los cristales son adornos de la Madre Tierra, bellos regalos de nuestro planeta destinados a usarse en la magia. Los cristales actúan como baterías naturales y transfieren sus vibraciones de alta energía a fuentes de energía de menor vibración, como los seres humanos. Esa energía puede sintonizarse con nuestros propósitos mágicos, sobre todo para la sanación.

Puedes conseguir los siguientes cristales en Internet o en cualquier tienda donde vendan cristales y gemas. Un cristal pequeño es suficiente para marcar una diferencia perceptible en la energía, así que no necesitas comprar algo grande o caro. Es preferible comprar las piedras en persona, provenientes de fuentes de confianza, ya que eso permite sentir su energía desde el principio. Sin embargo, como esto no siempre es posible, es conveniente purificar y cargar los cristales cuando los lleves a tu casa. Pasa tiempo con tus nuevos cristales. Imprímeles tu energía y la suya en ti. Estudia su energía única, ya que algunos cristales absorben la energía negativa y otros aumentan la positiva. Todos los cristales transforman la energía en beneficio de la sanación mágica.

La energía de los cristales pierde intensidad a medida que estos se manipulan o se usan, como una batería. A continuación, te explico cinco maneras sencillas de dar la bienvenida a nuevos cristales y recargar los que ya tienes:

1. Déjalos en el exterior, a la luz de la luna, durante toda la noche.
2. Envuélvelos en una toalla con una piedra de cuarzo cristal y déjalos juntos durante 24 horas.
3. Métalos dentro de tierra durante unos días.
4. Pásalos por humo.
5. Báñalos con el sonido de una campana, un gong o un tambor.

NOTA: no sumerjas los cristales en agua, a menos que sepas con seguridad que son resistentes a ella. Limpia los cristales con un paño para limpiarlos físicamente.

Estos son los cristales en los que nos basaremos para lanzar los hechizos y sus propiedades energéticas:

TURMALINA NEGRA (ABSORBENTE): fuerza y confianza.

CITRINO (AMPLIFICADOR): fuerza de voluntad, confianza, autoexpresión, creatividad.

CUARZO ROSA (AMPLIFICADOR): amor y autocuidado.

SODALITA (AMPLIFICADOR): paz, equilibrio y armonía.

CUARZO AHUMADO (AMPLIFICADOR): descanso, renovación.

AVENTURINA VERDE (AMPLIFICADOR): valentía, abundancia, constancia, lealtad.

JASPE (ABSORBENTE): anclaje, tranquilidad.

FLUORITA (ABSORBENTE): limpieza, síntesis de energía negativa, claridad.

CORNALINA (ABSORBENTE): creatividad, inspiración, pasión.

AMATISTA (AMPLIFICADOR): sabiduría, conocimiento, armonía, equilibrio.

ACEITES ESENCIALES

Los aceites esenciales son mezclas de plantas que se extraen por sus propiedades aromáticas, asistenciales y, por supuesto, mágicas. Estos aceites se pueden conseguir fácilmente en Internet, farmacias, grandes comercios e, incluso, algunas tiendas de comestibles. Búscalos cerca de la sección de velas de las tiendas.

Dado que se trata de aceites potentes y de olor acre, por lo general se buscan formas de difundirlos o utilizarlos de manera más sutil que con el contacto directo. Por lo tanto, al utilizar aceites esenciales es conveniente adquirir un difusor y uno o dos aceites portadores que te ayuden a trabajar con ellos. Para nuestro propósito, es suficiente con un difusor pequeño que se puede comprar por un precio muy económico. El aceite portador es un aceite sin perfume que ayuda a diluir y transportar los aceites esenciales para usos específicos como mascarillas, cremas y pociones. El aceite portador que elijas depende exclusivamente de tus gustos personales. Yo prefiero el aceite de oliva o de semilla de uva para usar en hornallas, el aceite de jojoba para aromaterapia y el aceite de coco para ungüentos tópicos.

La buena noticia es que todos los aceites esenciales contienen magia sanadora. Puesto que derivan de la misma esencia natural que plantas, árboles, flores, hierbas y especias utilizadas en brujería, son unos ayudantes muy potentes y una importante incorporación al armario de la bruja moderna. A continuación, enumero los aceites que usaremos en este libro y sus correspondencias mágicas.

ALBAHACA: romance, afecto, suerte, inspiración, conexión.

NARANJA DULCE: confianza, alegría, abundancia, amistad, buen humor.

INCIENSO: espiritualidad, purificación, limpieza, intuición, conexión.

BERGAMOTA: mejora del ánimo, confianza, claridad.

YLANG-YLANG: eufórico, sensual, apasionado, lujurioso.

CEDRO: estabilidad, anclaje, fuerza.

MENTA PIPERITA: concentración, atención, centramiento, mejora del rendimiento.

LAVANDA: tranquilizador, relajante, intuitivo.

EUCALIPTO: vigorizante, alivia el agotamiento, aumenta la creatividad.

ÁRBOL DE TÉ: limpiador, purificador, analgésico.

OTRAS HERRAMIENTAS

Las siguientes herramientas también te ayudarán en tus hechizos. No son necesarias, ya que se pueden reemplazar fácilmente por otras herramientas o métodos, pero tenerlas facilita la tarea.

CAMPANA: las campanas representan el elemento del aire y resultan excelentes para limpiar la energía negativa o liberar energía durante la realización del hechizo.

MORTERO CON MANO: usa esta herramienta para moler hierbas y hacerlas polvo.

OBJETOS COMUNES DEL HOGAR: la brujería se basa tanto en lo mundano como en lo mágico, como corresponde a un método que genera cambios de verdad. Siéntete capaz de usar tus utensilios domésticos con creatividad. Por ejemplo, si necesitas cordel para un hechizo, podrías usar un poco de cinta de envolver regalos sobrante. En este caso, la función práctica del objeto es más importante que el objeto en sí. Algunos de los objetos del hogar más comunes que se usan en este libro son: cuerda, cordel, cinta, tela, tijeras, bolsitas de muselina, gasa, manzanas, naranjas, limones, miel, azúcar, encendedor, cuencos de distintos tamaños, ollas, tazas de té, bolas de algodón y toallas.

MÉTODOS UTILIZADOS EN LA HECHICERÍA

Este libro se basa en tres métodos diferentes utilizados en la hechicería, que las brujas novatas deberían revisar.

UNCIÓN

Ungir es el proceso de aplicar aceite a una vela u otra herramienta para cargarla mágicamente. La cantidad de aceite que se utiliza en el proceso de unción es una cuestión de gusto personal, pero una sola gota de aceite podría ser suficiente. La magia reside en la intención de la aplicación.

VESTIR UNA VELA

Vestir una vela se refiere al proceso de añadir hierbas con fines mágicos al exterior de la vela después de ungirla. Si el hechizo pide que se vista una vela, recomiendo utilizar varias gotas de aceite para que esta quede cubierta por completo. Debes rodar la vela aceitada sobre las hierbas antes de encenderla, y las hierbas se pegarán a ella como una correspondencia mágica añadida a tus procesos sanadores.

ASPERJAR

Asperjar es el proceso de rociar objetos con agua cargada mágicamente para transferir las propiedades mágicas al objeto. En este libro se utilizan hierbas frescas para sumergirlas en el agua mágica y agitarla, o asperjarla, sobre otros objetos durante el trabajo de sanación.

LOS SÍMBOLOS DE LOS ELEMENTOS

En este libro, se usa la magia elemental y, como tal, es importante mencionar los símbolos que representan cada elemento, para que así puedas usarlos en tus procesos mágicos.

FUEGO AGUA AIRE TIERRA

Además, en los procesos para sanar el planeta usaremos este símbolo para representar la Tierra. Observa que este símbolo y la connotación son distintos del elemento tierra.

TIERRA

PREPARARTE PARA EL TRABAJO DE SANACIÓN

Ha llegado el momento de lanzar un hechizo de sanación. Ya estás lista, bruja. Es hora de sumergirte en todo tu poder, armada con conocimientos y herramientas para sanarte a ti misma y para sanar a tu comunidad y al mundo. Los últimos pasos te guiarán por el proceso necesario para lanzar un hechizo.

ALINEAR EL MOMENTO DE TU HECHIZO

A la hora de elegir el momento perfecto para lanzar un hechizo, puedes consultar una serie de ciclos energéticos, pero no hay nada tan importante como seguir tu intuición. Si sientes la necesidad de mover ciertas energías de inmediato, hazlo. No hace falta esperar a que llegue el momento perfecto según la brujería si tú, la bruja, ya estás lista para lanzar un hechizo.

FASE LUNAR

La forma más habitual de escoger el mejor momento para lanzar un hechizo es seguir los ciclos de la Luna. En el capítulo 1, hablamos de las fases lunares y los hechizos correspondientes, así que utiliza esa tabla como guía para lanzar hechizos según el ciclo lunar. Las fases de la Luna representan el ciclo natural de la energía que verás en la sección «Momento sugerido» de algunos hechizos. Como ya hemos comentado, puedes realizar un hechizo cuando te parezca bien, y no pasará nada malo si no respetas el ciclo lunar. Solo puede suceder que el hechizo no sea tan efectivo.

LA HERRAMIENTA MÁGICA DEL ANCLAJE

El anclaje es el proceso consistente en conectar cuerpo y mente con la energía necesaria para realizar hechizos. Puedes anclarte mediante una serie de tareas, como preparar tu espacio de trabajo y prepararte a ti misma.

Seleccionar el espacio en el que practicarás la brujería y prepararlo resulta esencial para que consigas buenos resultados con tus hechizos. Muchas brujas tienen un altar dentro de casa, pero deberías asegurarte de que sea un lugar tranquilo y cómodo para hacer trabajos espirituales. El espacio debe estar ordenado y bien organizado. Nada debe distraer tu energía. Además, es buena idea buscar un lugar al aire libre donde poder lanzar los hechizos en privado. Muchos procesos requieren una conexión directa con la naturaleza, e invocar a la Madre Tierra es muy poderoso. En cualquier caso, antes de realizar un hechizo en el espacio sagrado que has elegido para ello, quema algunas hierbas purificadoras, como laurel o salvia, para restablecer la energía del lugar y anclar tus intenciones.

Trazar un círculo es una forma eficaz de definir el espacio para los procesos mágicos. También brinda protección y amplifica las energías conjuradas durante los hechizos. Si bien no es necesario para la mayoría de los hechizos de las brujas principiantes, trazar un círculo es importante para muchas de ellas, ya que lo utilizan para abrazar la liminalidad de los procesos mágicos. Primero, debes definir el círculo físicamente con sal o cristales. Las brujas más experimentadas pueden definir círculos con solo su propia energía, lo cual está muy bien, pero a las brujas principiantes les conviene tener una marca clara.

Hay muchas formas de trazar un círculo, pero una de las más eficaces es invocar a los elementos. El ritual consiste en invocar los cuatro puntos cardinales y sus elementos correspondientes. Una vez purificado el espacio y trazado el círculo, haz sonar tres veces la campana del altar (o golpea una olla con una cuchara si no tienes campana) y pronuncia el siguiente conjuro.

Levanta los brazos, mira hacia el norte y di:

«Tierra del norte, invoco tu ayuda».

Baja los brazos y gira hacia el este. Levanta los brazos y di:

«Aire del este, invoco tu ayuda».

Baja los brazos y gira hacia el sur. Levanta los brazos y di:

«Fuego del sur, invoco tu ayuda».

Baja los brazos y gira hacia el oeste. Levanta los brazos y di:

«Agua del oeste, invoco tu ayuda».

Baja los brazos, concéntrate en el altar y conjura:

«Gracias a los elementos a mi alrededor
por trazar este círculo de poder sanador».

ESTABLECER INTENCIONES

Como ya vimos en el capítulo 1, el acto de fijar intenciones es la piedra angular de los hechizos. Ni todas las herramientas del mundo pueden reemplazar tu propia fuerza de voluntad. Al fin y al cabo, tú eres la bruja. Las hierbas, los aceites y los cristales te ayudarán, pero eres tú quien hace la magia. Expresa tu intención en voz alta, justo antes de empezar a elevar tu nivel de energía para lanzar el hechizo. Si articulas con claridad el objetivo del hechizo, tus energías estarán canalizadas y serán más eficaces.

ELEVAR LA ENERGÍA

Elevar la energía es el último paso en la preparación para lanzar un hechizo. Este es el momento en el que empiezas a interactuar con la energía para aprovecharla con fines sanadores, justo antes de empezar a realizar el hechizo. Simplemente, cualquier método que te sintonice con la energía y te alinee con su poder resulta efectivo. A continuación, comento algunas formas de elevar la energía. Presta atención a lo que sientes a la hora de probarlas. Afina tus tácticas hasta que consigas el ritual perfecto para ti:

MÉTODO DE LA BOLA DE ENERGÍA: párate con firmeza en tu espacio sagrado. Junta las palmas de las manos en forma de oración y frótalas con fuerza. Enseguida sentirás fricción y calor. ¡Eso es energía! Sumérgete en el flujo. Intenta formar una bola de energía entre tus manos. Imagínatela como una bombilla encendida que puedes expandir alrededor del altar para potenciar tu trabajo.

DIVERTIRTE: las brujas felices son brujas poderosas. Pon música que te guste. Baila y canta. Mueve el cuerpo rítmicamente. Masturbarte o tener sexo con tu pareja son también alternativas para elevar la energía. Algunas brujas saborean una copa de vino para ayudar a liberar el ego y dejar que el alma haga lo suyo.

MEDITAR: algunas brujas se sienten más poderosas si se quedan sentadas y atraen la energía hacia ellas a través de la meditación. Este también es un método muy poderoso y un poco más avanzado, ya que la bruja debe estar familiarizada con los poderes de la meditación antes de aplicarlos a la brujería para elevar la energía de forma más eficaz.

CERRAR EL CÍRCULO

Lanza tu hechizo. Cuando hayas terminado, vuelve a tocar la campana tres veces y recita:

«La campana ha sonado, y el círculo queda desarmado».

La energía se libera y el hechizo queda terminado.

REEQUILIBRAR LA ENERGÍA

Después de lanzar un hechizo, es habitual sentir agotamiento o quedar en un estado de confusión. A veces, incluso, se observan síntomas similares a los de la menstruación. Cuídate. ¡Acabas de mover campos de energía! Por supuesto que te vas a sentir exhausta. Esto no significa que seas débil o que no estés preparada para trabajar con hechizos. Simplemente quiere decir que estás en el ciclo menguante de tu poder y debes descansar hasta que te sientas lista para volver a empezar. Este cansancio es natural y hay que aceptarlo. Como cualquier músculo, cuanta más magia hagas, más fuerza y resistencia tendrás.

Estas son algunas maneras de reequilibrar la energía después de realizar un hechizo:

- Bebe una taza de manzanilla.
- Haz estiramientos y/o medita.
- Escribe en un diario sobre tu experiencia con el hechizo.
- Practica el enraizamiento: camina descalza al aire libre y absorbe el equilibrio de la tierra a través de los pies.
- Báñate con sal de Epsom, aceite de menta piperita y aceite de naranja.

Cuídate, querida bruja. Te necesitamos para que nos ayudes en la importante tarea de sanarnos y de sanar nuestras comunidades y nuestro mundo.

LIMPIEZA TRAS UN HECHIZO

En los hechizos que siguen a continuación, te ofrezco unas sugerencias para limpiar y deshacerse de materiales mágicos sobrantes. Estos materiales pueden tener energías negativas que se les hayan transferido o, incluso, puede ocurrir que desecharlos sea parte del hechizo. En general, trata de devolver a la tierra la materia orgánica utilizada en el hechizo, enterrándola o esparciéndola al aire libre. Como mínimo, lleva todos los restos de los hechizos a un cubo fuera de tu casa para liberar la energía de tu espacio. Además, es muy importante asegurarse de que no dejamos velas encendidas o desatendidas en ningún momento. Asegúrate de que las velas estén bien apagadas cuando hayas finalizado el hechizo, para lo que puedes sumergir la mecha en agua o utilizar un apagavelas. La limpieza nos libera de las energías que elevamos y es un paso necesario para finalizar el hechizo.

PARTE DOS

Sánate a ti misma

A ntes de poder sanar a otras personas o al mundo, debes sanarte a ti misma. Si te ocupas de tu propia salud, contarás con los elementos básicos para llevar a cabo una sanación exitosa en los trabajos a gran escala. Puedes sanarte de tres maneras: en cuerpo, alma y espíritu. Un cuerpo sano aporta la energía necesaria para realizar hechizos. Una mente sana permite que la claridad y la intención fluyan libremente. Y un espíritu sano te prepara para compartir tu luz sanadora con tu comunidad y con el mundo.

Recuerda que la sanación es un proceso continuo y que muchas veces no es lineal. Es un acto de generosidad contigo misma soltar cualquier expectativa que tengas sobre el proceso. Permítete el tiempo que necesites para sanar, y el resto vendrá solo cuando hagas el trabajo de sanación. Encontrarás significado en este trabajo; de hecho, la sanación consiste en tener la valentía de volver a las fuentes de dolor y abordarlas cuando sea necesario. La brujería ofrece métodos prácticos para sanar y me honra compartirlos contigo.

Aquí encontrarás rituales y hechizos para sanar cuerpo, mente y espíritu. Espero que puedas volver a ellos una y otra vez, siempre que lo necesites, con una perspectiva diferente para siempre fortalecer tus poderes sanadores.

3

SANA TU CUERPO

En tu cuerpo residen tu fuerza de voluntad y tus habilidades mágicas. Ayúdalo a mantenerse lo más sano posible para obtener resultados mágicos de calidad. Aplicar la brujería al trabajo de sanación corporal significa utilizar herramientas mágicas de sanación en forma de hechizos y rituales a fin de crear energía sanadora para el cuerpo. Se puede pensar en la sanación corporal mágica como una alineación del cuerpo con los ritmos naturales de los elementos que tienen propiedades sanadoras. Al sintonizar tus ingredientes mágicos con tus sentidos y acciones en el mundo físico, el cuerpo comienza a sanar con la energía metafísica que se produce. Pasemos ahora al acto mágico de sanar nuestro cuerpo.

BUENOS DÍAS, SOL

PROPÓSITO DEL HECHIZO: cargar tus cristales y tu cuerpo con la energía diurna, invocando a los cuatro puntos cardinales para una bendición mágica.

MOMENTO SUGERIDO:
Justo después de despertarte por la mañana.

ARTÍCULOS NECESARIOS:
• Vela.
• Encendedor.

INGREDIENTES MÁGICOS:
• 1 cucharada de tomillo seco o unas ramitas de tomillo fresco
• 1 cristal de citrino
• 1 cristal de cornalina
• 3 gotas de aceite de naranja

HECHIZO

✦ Coloca los cristales sobre una base de tomillo. Al hacerlo, libérate del deseo de querer volver a la cama y transfiere esa energía a los cristales. Deja que absorban la energía de la fuerza proveniente del lecho de tomillo.

✦ Unge la vela con el aceite. Al mismo tiempo, observa cómo tu cuerpo empieza a prepararse y a limpiarse para el nuevo día. Envía esas vibraciones de optimismo al aceite y a la vela frotando con los dedos en el sentido de las agujas del reloj. Límpiate el aceite de las manos. Enciende tu vela de alegría energética.

✦ Toma los cristales, uno con cada mano, y cierra los puños con los cristales dentro. Siente cómo las propiedades energizantes del citrino y la cornalina cargados por el tomillo suben por tus brazos y entran en tu cuerpo. Imagina que la energía se arremolina en tu interior, renovándote.

✦ Mira hacia el este. Extiende las manos hacia delante, abre los dedos y muestra los cristales hacia el este. Recita:

«Buenos días, este. Te doy la bienvenida.
Bendice con energía de aire mis cristales en este día».

Coloca los cristales en las palmas de las manos y absorbe la energía del aire del este.

✦ A continuación, gira hacia el sur y recita:

«Buenos días, sur. Te doy la bienvenida.
Bendice con energía de fuego mis cristales en este día».

Mantén los cristales en las palmas de las manos y absorbe la energía del fuego del sur.

✦ A continuación, gira hacia el oeste y recita:

«Buenos días, oeste. Te doy la bienvenida.
Bendice con energía de agua mis cristales en este día».

Mantén los cristales en las palmas de las manos y absorbe la energía del agua del oeste.

✦ A continuación, gira hacia el norte y recita:

«Buenos días, norte. Te doy la bienvenida.
Bendice con energía de tierra mis cristales en este día».

Mantén los cristales en las palmas de las manos y absorbe la energía de la tierra del norte.

✦ Vuelve a cerrar los puños con los cristales dentro y absorbe toda esa energía hasta lo más profundo de tu ser. Apaga la vela para sellar la energía de los cristales en tu interior. Lleva contigo los cristales cargados y bendecidos durante todo el día para absorber su energía.

BOLSILLO LLENO
DE PROTECCIÓN

PROPÓSITO DEL HECHIZO: prevén enfermedades mágicamente mediante la creación de un talismán protector que llevarás contigo.

MOMENTO SUGERIDO:
Luna llena.

ARTÍCULOS NECESARIOS:
- 2 cuencos pequeños.
- Bolsa pequeña de muselina o cuadrado de tela.
- Cordel o hilo.

INGREDIENTES MÁGICOS:
- 1 cucharada de perejil seco o 2 ramitas de perejil fresco
- 1 cucharada de romero seco o 2 ramitas de romero fresco
- 1 cristal de turmalina
- 1 cristal de cuarzo ahumado

HECHIZO

✦ Coloca los ingredientes en el altar. Coloca cada hierba en un cuenco distinto. Ubica la turmalina sobre el perejil y el cuarzo ahumado sobre el romero. Para sellar la unión de cada par de objetos, traza en el aire un pentagrama con el dedo.

✦ Extiende ambas manos con las palmas hacia abajo, una sobre cada cuenco, y conjura:

«Por la oscuridad del perejil y la luz del romero,
sello estas hierbas, extraigo su poder entero.
A las piedras les pido protección y defensa.
Ahora a mi bolsa, la magia se condensa».

✦ Coloca todos los cristales y hierbas en la bolsa o en el centro de la tela. Con el cordel, cierra la bolsa o la tela con tres nudos completos mientras recitas:

«Con el nudo de uno, está hecho el conjuro.
Con el nudo de dos, verdadero quedó.
Con el nudo de tres, que así sea».

✦ Lleva esta bolsita mágica contigo, quizás en el bolsillo o en un bolso, siempre que necesites protección contra las enfermedades. Renueva los ingredientes y repite el hechizo cuando lo necesites durante cada luna llena.

AGACHARSE Y SACAR PECHO

PROPÓSITO DEL HECHIZO: este ritual sirve para vencer el cansancio y darte una inyección de energía en esos días en los que no puedes parar. Canaliza a tu Elle Woods interior, experta en la manifestación alegre, con este ritual lleno de vida.

MOMENTO SUGERIDO:
Cuando necesites una inyección de energía, en especial a media tarde.

ARTÍCULOS NECESARIOS:
- Difusor de aceites esenciales.
- Vela.
- Encendedor.

INGREDIENTES MÁGICOS:
- Mezcla de aceites esenciales:
  - 3 gotas de aceite de menta piperita
  - 2 gotas de aceite de limón
  - 2 gotas de aceite de romero

HECHIZO

✦ Coloca los aceites esenciales en el difusor.

✦ Enciende una vela sin aroma y concéntrate. Percibe el aroma de los aceites esenciales. Concéntrate en aquellas partes del cuerpo que estén tensas o agotadas. Deja que el aroma penetre en esas zonas y comience a energizarlas poco a poco.

✦ Inhala y exhala profundamente cinco veces.

✦ En cada inhalación, levanta los brazos por encima de la cabeza. Extiéndelos hasta donde alcancen las puntas de los dedos, sintiendo cómo se elevan los hombros y el pecho se expande por completo. Ponte de puntillas si tienes ganas.

✦ Al exhalar, dobla la cintura e inclínate hacia delante, extendiendo las manos hacia el suelo. No te preocupes por llegar abajo del todo; no es una postura de yoga, sino un movimiento ritual: la simple acción del yin y el yang de estiramiento de apertura a máximo cierre sirve para alinear tu energía para el hechizo.

✦ En la última inhalación, ponte de pie en posición de reposo y concéntrate en la vela. Da la bienvenida a los aceites para renovar por completo tu cuerpo alineado. Siente cómo se eleva tu energía mientras la vela arde intensamente. Después de unos minutos, apaga la vela y el difusor, y vuelve a tu ajetreado día con más energía.

MANZANA PARA LA BUENA SALUD

PROPÓSITO DEL HECHIZO: este ritual sirve para mantener una mejor nutrición que permita a tu cuerpo hacer trabajos de sanación.

MOMENTO SUGERIDO:

En cuanto te levantas por la mañana o justo antes de ir a dormir.

ARTÍCULOS NECESARIOS:

- Athame.
- 1 manzana entera.

INGREDIENTES MÁGICOS:

- ½ cucharadita de pimienta de cayena
- 1 piedra de aventurina verde
- 1 piedra de citrino
- 3 gotas de aceite de cedro

HECHIZO

✦ Apoya la manzana en el altar. Coloca el cristal de aventurina en un lado de la manzana y el cristal de citrino en el otro lado.

✦ Ponte de pie con los pies bien firmes y las manos sobre la manzana, y conjura:

«Fuerza desde dentro, fuerza desde fuera.
Elijo lo saludable, no más dudas traicioneras».

✦ Corta la manzana por la mitad con el athame y di:

> *«Corto esta fruta con la voluntad de mi corazón*
> *para calmar mis ansias y comenzar con decisión».*

✦ Unge la manzana con unas gotas de aceite de cedro y di:

> *«Como brota de la tierra el manzano,*
> *así renacerá mi apetito sano».*

✦ Espolvorea cayena sobre la pulpa de la manzana y di:

> *«Acelera mi rutina alimenticia sana,*
> *reemplazando el azúcar por verduras disfrutadas».*

✦ Frota las dos mitades de la manzana en el sentido de las agujas del reloj y di:

> *«Por las energías que aquí nacen, quiero para mí*
> *hacer elecciones saludables, que sea así».*

✦ Entierra las mitades de la manzana en el exterior, boca abajo, para sellar el hechizo y aumentar tu fuerza de voluntad frente a las malas tentaciones para la salud.

DETRÁS DE LA MÁSCARA

PROPÓSITO DEL HECHIZO: este hechizo te ayudará a revelar tu yo más auténtico al revitalizar la piel del rostro. Nuestro yo más auténtico es el yo más sano. Sin embargo, muchas veces usamos máscaras para adaptarnos a las expectativas de la sociedad. Usa esta máscara facial para revitalizar tu rostro y permitir que tu bello y verdadero yo brille con toda intensidad.

MOMENTO SUGERIDO:
Luna menguante, luna nueva.

ARTÍCULOS NECESARIOS:
- Cuenco.
- Mortero con mano.
- Miel.
- Agua o crema.

INGREDIENTES MÁGICOS:
- Cúrcuma en polvo
- 1 piedra de cuarzo cristal
- 1 piedra de jaspe

HECHIZO

✦ Mezcla una cucharadita de cúrcuma en polvo con una cucharada de miel.

✦ Añade, poco a poco, crema suficiente para suavizar la mezcla. Detente cuando esta alcance la consistencia deseada; por lo general, cuando esté lo bastante firme como para tomarla con los dedos pero

lo bastante maleable como para esparcirla. Si no tienes crema, puedes usar agua.

✦ Sujeta el cuarzo con una mano y el jaspe con la otra, y muévelas
sobre la mezcla hacia delante y hacia atrás.

✦ Conjura:

> *«Por la piedra roja de jaspe, esta raíz roja de la tierra*
> *descubrirá y activará la autoestima que en mí se encierra.*
> *La miel endulzará el aguijón de quienes rechazan*
> *mi verdadera actitud.*
> *La crema me devuelve el ánimo de esperanza de mi juventud».*

✦ Aplícate la máscara en la cara y deja que la energía arraigada de la
cúrcuma y el jaspe te despojen de todo lo falso que esté adherido a
ti. Deja que se asiente durante quince minutos. Prométete que se-
rás quien eres en realidad, aunque esa persona moleste a los demás.

✦ Retira la máscara con agua tibia, comprendiendo que así es como
puedes sanar. Así es como asumes tu poder con el resplandor de la
confianza que te tienes y dejas atrás el desorden de la máscara. Que
así sea.

NUDOS CONTRA
EL DOLOR

PROPÓSITO DEL HECHIZO: en este hechizo, se usa la magia con nudos para extraer la energía del dolor que se encuentra en el cuerpo y devolverla a la Madre Tierra.

MOMENTO SUGERIDO:
Cuando sea necesario.

ARTÍCULOS NECESARIOS:
• Cordel, hilo o tira de tela de entre 15 y 20 cm.
• Caldero.
• Encendedor largo.

INGREDIENTES MÁGICOS:
• 1 cucharada de perejil seco
• ½ cucharadita de ajo en polvo
• 1 cristal de turmalina negra

HECHIZO

✦ Enrolla el cordel alrededor de la turmalina sin apretarlo. La turmalina actuará como agente para extraer el dolor de tu cuerpo y pasárselo al cordel.

✦ Centra tu atención en el origen del dolor. Coloca la turmalina sobre el dolor y recita:

«Dolor, desaparece en este nudo.
A sacarte de este punto acudo.
Esto que hago me cura, me remienda, me libera.
Afuera este dolor. Que así sea».

✦ Haz un nudo en un extremo del cordel. Vuelve a colocar el cristal sobre el dolor y recita el conjuro.

✦ Haz un nudo en el otro extremo del cordel. Vuelve a colocar el cristal sobre el dolor y recita el conjuro.

✦ Quita el cordel de la turmalina y luego haz un nudo en medio.

✦ Pon el perejil en el caldero y ubica el cordel encima del perejil.

✦ Espolvorea el ajo en polvo sobre el perejil y el cordel.

✦ Con el encendedor largo, prende fuego al contenido del caldero y quémalo hasta que quede reducido a cenizas. Mientras tanto, conjura:

«Al arder estos nudos, se libera el dolor,
se restablece el bienestar y el sufrimiento cesó».

✦ Entierra las cenizas en el exterior, en la tierra, o échalas por el retrete para deshacerte de estas energías dolorosas.

TAZÓN DE FERTILIDAD MÁGICO

PROPÓSITO DEL HECHIZO: en este hechizo con un cuenco de agua, se invoca la magia de la Diosa Madre de las aguas sanadoras. El cuenco de este hechizo representa el útero. Los ingredientes y el método están pensados para abrir el vientre a la posibilidad de la concepción mediante la eliminación de todo bloqueo energético que impida ese objetivo.

MOMENTO SUGERIDO:

Luna nueva.

ARTÍCULOS NECESARIOS:

- Caldero.
- Agua a punto de hervor.

INGREDIENTES MÁGICOS:

- ½ taza de hojas de salvia
- ¼ de taza de clavos de olor enteros
- 2 cucharadas de romero
- ¼ de taza de flores de lavanda secas
- Cristales de cornalina
- Cristales de cuarzo ahumado
- Piedras de cuarzo cristal

HECHIZO

✦ Coloca todas las hierbas en el caldero. Luego, coloca las piedras encima de las hierbas formando un círculo. La cornalina dirigirá el poder de las hierbas hacia los órganos reproductores, y los cuarzos amplificarán esa ayuda.

✦ Mantén las manos sobre el cuenco y conjura:

> *«Salvia para limpiar todo el cuerpo,*
> *clavo para aumentar la fertilidad,*
> *romero para la fuerza de la Diosa Madre,*
> *lavanda para el calor interior y la paz».*

✦ Vierte el agua hirviendo sobre las hierbas y piedras hasta que el cuenco esté casi lleno.

✦ Mete con cuidado la cara en el vapor, que se irá enfriando, e inhala el aroma mágico para que ingrese a los pulmones. Siente cómo estos se llenan de luz sanadora. Siente cómo los cristales dirigen esta luz sanadora hacia el útero. Continúa inhalando la magia sanadora y exhala todo lo que bloquea la concepción.

✦ Mientras el agua se enfría, debes ser consciente de que la magia irá asentándose en tu cuerpo para hacer su trabajo. Desecha el agua ya fría sobre tus plantas para nutrirlas con magia. Duerme con los cristales cargados mágicamente cerca de ti, hasta la luna llena, para sellar el hechizo.

PAUSA DE MENTA

PROPÓSITO DEL HECHIZO: este hechizo te ayudará a aliviar el dolor de cabeza causado por la tensión, para poder recuperarte y continuar con tu día.

MOMENTO SUGERIDO:
Cuando sea necesario.

ARTÍCULOS NECESARIOS:
• Aceite portador, si lo deseas.

INGREDIENTES MÁGICOS:
• 1 piedra de cuarzo cristal
• 3 gotas de aceite de menta piperita

HECHIZO

✦ Para comenzar este ritual, cambia de lugar. Si es posible, sal al aire libre. Busca una escalera tranquila en el edificio donde trabajas si hace falta. Solo traslada tu cuerpo a un lugar diferente de donde comenzó el dolor de cabeza. Alejarte de las vibraciones de tensión ayuda al cuerpo a restablecerse.

✦ Aplícate una gota de aceite de menta piperita en cada sien. Si lo deseas, puedes mezclarlo con un aceite portador.

✦ Mientras masajeas las sienes con la menta, conjura:

«Fuera dolor de cabeza, libérame del malestar.
Haz lo que te pido y déjame en paz».

✦ Luego, aplica un poco de aceite en la nuca. Repite el conjuro.

✦ Tercero, aprieta el cristal contra la frente y repite el conjuro.

✦ Inhala y exhala profundamente tres veces para que el aceite y los cristales curen tu dolor y lo liberen.

✦ Repite una hora más tarde o cuando sea necesario.

LA CURA DE LAS UÑAS

PROPÓSITO DEL HECHIZO: este hechizo sirve para ayudar al cuerpo a superar enfermedades persistentes y cambiar el rumbo de tu energía hacia la buena salud.

MOMENTO SUGERIDO:
Luna menguante.

ARTÍCULOS NECESARIOS:
• Bolas de algodón.
• Cortaúñas.
• Frasco de vidrio pequeño o bolsa biodegradable.

INGREDIENTES MÁGICOS:
• 1 cristal de turmalina
• 1 cristal de fluorita
• Aceite esencial de eucalipto o de árbol de té (el aroma que prefieras, en la cantidad necesaria)

HECHIZO

✦ Cierra los ojos. Sujeta la turmalina en un puño y la fluorita en el otro. Tómate, al menos, cinco minutos para sentarte con las piedras. Estas son piedras absorbentes, así que concéntrate en enviar hacia ellas tu energía negativa y la enfermedad. Imagina que toda la enfermedad pasa por tu cuerpo, baja por los brazos y llega a las uñas y los cristales. Deja que se acumule todo en las piedras y las puntas de las uñas. Cuando estés lista, suelta los cristales en el altar para limpiarlas y cargarlas después del hechizo.

✦ Aplica un poco del aceite que prefieras en una bola de algodón. Con ella, unge cada uña con aceite.

✦ Recita estos versos, uno para cada dedo:

«Por el poder de uno, mi enfermedad concluyo.
Por el poder de dos, le digo adiós.
Por el poder de tres, tengo salud otra vez.
Por el poder de cuatro, el malestar ha cesado.
Por el poder de cinco, siento que más fuerte vivo.
Por el poder de seis, tengo la tenacidad de un buey.
Por el poder de siete, mi salud es buena siempre.
Por el poder de ocho, no más nada doloroso.
Por el poder de nueve, mi salud me pertenece.
Por el poder de diez, así es, amén».

✦ Córtate las uñas una por una, teniendo cuidado de guardar los recortes. Repite el conjuro anterior con cada uña que te vayas cortando. Coloca todas las uñas cortadas en el frasco o la bolsa. Espárcelas en el exterior o entiérralas si puedes, y deja que la enfermedad se libere en la tierra para sanar.

ELIXIR DE AGUA
DE LUNA SANADOR

PROPÓSITO DEL HECHIZO: crea un elixir de agua de luna sanador que podrás añadir al café de la mañana o usar para cocinar y así obtener una infusión de energía para atraer la buena salud.

MOMENTO SUGERIDO:
Luna llena.

ARTÍCULOS NECESARIOS:
- Frasco o botella de vidrio.
- Agua fresca.

INGREDIENTES MÁGICOS:
- 1 cristal de aventurina verde
- 1 cristal de amatista
- 1 piedra de cuarzo cristal

HECHIZO

✦ Llena la botella con agua fresca después de la puesta de sol en una noche de luna llena. Coloca la botella en el altar junto con tres cristales pequeños de aventurina verde, amatista y cuarzo cristal.

✦ Hechiza los cristales con una intención sanadora. Frótate las manos hasta que se calienten por la fricción y ponlas sobre las piedras, con las palmas hacia abajo. Imagina que el calor que fluye desde tus palmas hasta los cristales está lleno de calma y sanación.

✦ Pon la aventurina verde en el agua y di:

«Piedra de verde, te invoco a ti.
Mantenme fuerte, sin salud frágil».

✦ Pon la amatista en el agua y di:

«Piedra de púrpura, a ti te invoco.
Calma mi mente, cura mi cuerpo todo».

✦ Añade el cuarzo claro al agua y di:

«Piedra de energía universal,
amplifica mi intención. Que así sea de verdad».

✦ Cierra bien la botella. Revuelve los ingredientes moviendo la botella en el sentido de las agujas del reloj tres veces para unir todas las energías.

✦ Coloca la mezcla de agua y cristales bajo la luz de la luna para que se cargue mágicamente. Procura meter en casa el elixir de agua de luna ya creado antes del amanecer. Guárdalo en un armario fresco y a la sombra, y no lo expongas a la luz directa del sol. Pon cada día una o dos gotas en una bebida o en lo que cocines para impregnar tu cuerpo con este elixir mágico.

HECHIZO PARA ENCENDER LA CHISPA

PROPÓSITO DEL HECHIZO: realiza este hechizo con cristales y magia con velas antes de tener sexo contigo misma o con tu pareja para curarte de un estancamiento sexual, aumentar la libido e inspirar la pasión.

MOMENTO SUGERIDO:

Luna creciente,
luna llena.

ARTÍCULOS NECESARIOS:

- Difusor de aceites esenciales.
- Vela.
- Cuenco pequeño resistente al calor con sal.
- Encendedor.

INGREDIENTES MÁGICOS:

- 1 cucharadita de cayena
- 1 cucharadita de canela
- 1 cristal de jaspe
- 1 cristal de cornalina
- 1 cristal de cuarzo rosa
- 1 cristal de citrino
- Mezcla de aceites esenciales:
  - 2 gotas de albahaca
  - 2 gotas de ylang-ylang
  - 2 gotas de romero
  - 2 gotas de cedro

HECHIZO

✦ Coloca la mezcla de aceites en el difusor y enciéndelo.

✦ Si lo deseas, ponte música o ropa que te haga sentir sexi. Puede que incluso quieras disfrutar de una copa de vino. Este es un hechizo de energía sexual elevada con disfrute, así que usa cualquier método que te permita abrirte a la lujuria y la pasión.

✦ Prepara el altar con los ingredientes. Coloca el jaspe hacia el norte, la cornalina hacia el sur, el cuarzo rosa hacia el este y el citrino hacia el oeste. Todos estos son cristales de sexo y amor, y crearán un vórtice de pasión en tu altar. Coloca el cuenco de sal en el centro de la encrucijada de los cuatro cristales. Forma un montoncito de cayena y canela sobre la sal. Coloca la vela en el centro de la mezcla.

✦ Enciende la vela y hechiza tus sentidos con la luz de la llama danzante. Recita:

> «Mis ojos ven la belleza de un cuerpo bello.
> Mi nariz huele la lujuria en el cuello de mi amante.
> Mis oídos oyen la suave respiración que se acelera.
> Mis dedos rozan despacio zonas de placer.
> Mis labios saborean la pasión con cada beso».

✦ Continúa moviendo el cuerpo al ritmo de la música, absorbiendo el aroma del lugar. Cuando sientas que la energía se convierte en tensión, apaga la vela y disfruta de los placeres de la liberación que se avecinan.

SABIDURÍA HERBARIA
PARA EL RESFRIADO

PROPÓSITO DEL HECHIZO: este hechizo consiste en una poción y un baño de vapor tradicionales y calmantes hechos con brujería del hogar para usar en esos días en los que te encuentras mal por un resfriado.

MOMENTO SUGERIDO:
Cuando sea necesario.

ARTÍCULOS NECESARIOS:
- Olla de cocina mediana llena de agua.
- Taza de té.
- Athame.
- Toalla.

INGREDIENTES MÁGICOS:
- 1 cristal de cuarzo ahumado
- Poción de recuperación:
  - ½ cucharadita de ajo picado
  - Una pizca de cayena
  - 1 cucharadita de jengibre fresco
  - 2 cucharadas de jugo de limón
  - ½ cucharadita de canela
  - 1 cucharadita de miel si lo deseas
- Mezcla de aceites esenciales:
  - 4 gotas de eucalipto
  - 3 gotas de aceite de menta piperita
  - 2 gotas de aceite de romero

HECHIZO

✦ Pon a hervir agua en la olla, sobre un hornillo de la cocina.

✦ Envuelve el cuarzo ahumado con la toalla para cargarla con vibraciones calmantes. Coloca la toalla en un lugar apartado, pero al alcance de la mano.

✦ Prepara la poción. Para ello, mezcla el ajo, el jugo de limón y el jengibre en un cuenco pequeño. Añade la cayena y la canela. Cuando esté bien mezclado, pasa la poción a una taza de té. Introduce la punta del cuchillo ceremonial o athame en el centro de la poción.

✦ Mantén el athame firme y recita:

«Con este cuchillo, corto en dos
el poder de este resfriado y esta tos.
Que esta poción disperse mi mal.
Así es, esta es mi voluntad».

✦ Cuando el agua haya hervido, retírala del fuego y llena la taza de té con agua hirviendo. Coloca el resto del agua sobre un hornillo apagado y añade la mezcla de aceites esenciales.

✦ Coloca con cuidado la cara sobre el vapor que suelta la olla de agua hirviendo, pero controla que no esté muy caliente antes de empezar. Cúbrete la cabeza con la toalla para ayudar a dirigir el vapor hacia la cara. El agua seguirá echando vapor durante un rato; debes inhalar este vapor medicinal. Al inhalar, concéntrate en las energías sanadoras que entran en la garganta, los pulmones y el pecho. Al exhalar, expulsa la enfermedad del cuerpo para que el vapor la purifique. Repite el proceso hasta que el vapor se haya enfriado. Sécate la cara con la toalla. Arroja el agua fría, junto con la enfermedad, por el desagüe para desecharlas.

✦ Por último, bebe la poción sanadora ya enfriada. Pon un poco de miel en el borde de la taza antes de beberla, si lo deseas. Mientras bebes, sujeta el cuarzo ahumado como una compañía sanadora. Límpiate el paladar con un poco de chocolate negro si es necesario. Métete en la cama con un buen libro y descansa.

MAGIA CON VELAS
PARA DORMIR

PROPÓSITO DEL HECHIZO: este hechizo te ayudará a descansar mejor durante la noche aprovechando el poder calmante de la lavanda, la salvia, la amatista y los aceites esenciales mediante el trabajo energético de la magia con velas.

MOMENTO SUGERIDO:
Antes de ir a dormir.

ARTÍCULOS NECESARIOS:
- 1 vela.
- Encendedor.
- 1 plato.
- Caldero con 5 cm de sal.
- 1 bolsa de muselina pequeña o un cuadrado de tela.

INGREDIENTES MÁGICOS:
- ¼ de taza de lavanda seca
- 1 cucharadita de salvia en polvo
- 1 cristal de amatista
- 1 cristal de cuarzo ahumado
- Aceite esencial de lavanda, ylang-ylang, jazmín o vainilla (según el aroma que prefieras para obtener vibraciones calmantes)

HECHIZO

✦ Primero, mezcla la lavanda y la salvia y esparce la mezcla en un plato. En la mezcla, dibuja un pentagrama con el dedo para cargarla.

✦ Unge la vela con el aceite que hayas elegido.

✦ Viste la vela aceitada con la mezcla, cubriéndola con las hierbas. Coloca la vela vestida en el centro del caldero lleno de sal. Mete las hierbas sobrantes en la bolsa de muselina.

✦ Coloca la bolsa y los dos cristales delante de la vela. La energía de la vela encendida los cargará con todo su potencial inductor del sueño.

✦ Cuando esté todo listo, enciende la vela y conjura:

«La vela está encendida, el día ha terminado,
de diez a uno hacia atrás voy contando».

✦ Siéntate frente a la vela y ponte cómoda. Concéntrate en la llama o cierra los ojos y sumérgete en la luz de la vela, lo que te resulte más relajante.

✦ Inspira hondo y deja que el pecho se hinche de aire. Contén la respiración durante tres segundos. Durante este tiempo, no pienses en nada. Deja que la mente se despeje por completo. Luego, exhala todo el aire y di «diez» al final de la exhalación. Repite el proceso. Vuelve a inspirar hondo, luego aguanta tres segundos, exhala y di «nueve». Continúa hasta llegar a «uno».

✦ El objetivo es ralentizar tu cuerpo. Piensa en ello como una liberación del día. Regálate el tiempo de no hacer nada más que respirar. Permite que el flujo lento penetre y cure tu inquietud.

✦ Cuando estés lista, apaga la vela y conjura:

«El hechizo está hecho, que sea así,
el sueño reparador vendrá a mí».

✦ Lleva la bolsita de hierbas y los dos cristales a la mesa de noche o colócalos debajo de la almohada para tener la energía reparadora cerca toda la noche.

PODER DE LA TRIPLE DIOSA

PROPÓSITO DEL HECHIZO: este hechizo recarga y renueva el cuerpo. El arquetipo de la Diosa se conoce como la Triple Diosa cuando se honran las tres etapas del ciclo vital femenino: la Doncella, la Madre y la Anciana. Más allá de la creencia religiosa específica, existe una gran energía mágica al aprovechar el ciclo de poder natural de la juventud, la fertilidad y la vejez. Invoca las tres poderosas facetas del arquetipo de la Triple Diosa para recargar y renovar el cuerpo.

MOMENTO SUGERIDO:
Luna nueva, luna creciente.

ARTÍCULOS NECESARIOS:
- 3 velas.
- Encendedor.

INGREDIENTES MÁGICOS:
- ¼ de cucharadita de jengibre en polvo

HECHIZO

✦ Primero, espolvorea ligeramente el jengibre en polvo sobre las velas para invocar energía sanadora vigorizante.

✦ Conjura:

«Me dispongo a estas tres velas encender
e invoco de la Diosa todo su poder.
Recarga y renueva mi cuerpo por completo.
Dame fuerza, de ti me lleno».

✦ Enciende la primera vela y di:

«Esta primera llama para la Doncella,
su juventud sin límites rejuvenece mi cuerpo».

✦ Enciende la segunda vela y di:

«Esta segunda llama para la Madre,
su guía me regala una renovación amorosa».

✦ Enciende la tercera vela y di:

«Esta tercera llama para la Anciana,
su sabiduría férrea mis huesos recarga.
Diosa, concédeme estos dones divinos.
Los usaré en tu honor y en amor contigo.
Hecho está. Que así sea».

✦ Siéntate con tus velas, absorbiendo el amor de la Diosa. Cuando estés lista, apágalas y comienza tu día, sabiendo que el poder de la Diosa ha renovado tu cuerpo.

RITUAL PARA VALORAR EL CUERPO

PROPÓSITO DEL HECHIZO: este hechizo fomenta la actitud positiva sobre el cuerpo y te conecta con tu cuerpo físico mediante la gratitud y el amor. Al inundar las partes de tu cuerpo con gratitud, lo incentivas a florecer y sanar, con lo que el menosprecio propio se convierte en valorización.

MOMENTO SUGERIDO:
Cuando te sientas con baja autoestima o desconectada de tu amor propio.

ARTÍCULOS NECESARIOS:
• Difusor de aceites esenciales.

INGREDIENTES MÁGICOS:
• 1 cristal de cuarzo rosa
• 1 cristal de aventurina verde
• Mezcla de aceites esenciales:
  - 3 gotas de aceite de romero
  - 3 gotas de aceite de naranja
  - 2 gotas de bergamota

HECHIZO

✦ Siéntate en un lugar tranquilo y cómodo, con la mezcla de aceites en el difusor encendido. Sujeta la piedra de cuarzo rosa en una mano y la piedra de aventurina verde en la otra. Cierra los puños con las piedras dentro.

✦ Respira despacio, de forma relajada, mientras te concentras en el poder amoroso del cuarzo rosa y los poderes sanadores del corazón de la aventurina verde. Imagina que las piedras envían energía pulsante a tus brazos y al centro de tu ser. Siente cómo las energías de la salud y el amor se entrelazan en forma de ocho por todo el cuerpo.

✦ Cuando estés lista, recita:

«Soy más resiliente de lo que creo,
soy más fuerte de lo que siento,
soy más inteligente de lo que pienso,
soy más hermosa de lo que imagino.
Estoy sanando».

✦ Repítelo tres veces. Esa noche, duerme con las piedras debajo de la almohada para absorber por completo el amor sanador.

4

SANA TU MENTE

L a mente es uno de los componentes más poderosos de la sanación mágica. Al aprender a calmar la irritación de nuestro ego con conocimiento, una perspectiva renovada y liberación, reemplazamos las emociones negativas y la energía con modos de operar más elevados y útiles. Emociones como la duda, los celos, el miedo, el odio, la ira y la apatía se disipan con la aplicación del poder sanador del amor intencional. Los hechizos que siguen están diseñados para ayudarte a encontrar la paz mental que necesitas para sanar y así producir una energía más elevada y más mágica que fluya hacia un bien mayor.

MAGIA CON HITO
DE CRISTALES

PROPÓSITO DEL HECHIZO: este ritual está diseñado para ayudarte a anclarte, a encontrar el equilibrio y a preparar tu mente para la sanación que necesitas. Los hitos son cúmulos de piedras que nuestros antepasados utilizaban como guías para los viajeros y para señalar espacios mágicos. Sigue esta costumbre ancestral de construir hitos utilizando tus cristales para invocar el equilibrio en tu espacio mágico.

MOMENTO SUGERIDO:
Cuando sea necesario.

INGREDIENTES MÁGICOS:
• 4 o 5 cristales de tu preferencia

ARTÍCULOS NECESARIOS:
• Superficie plana y tranquila.

HECHIZO

✦ Selecciona aquellos cristales de tu colección con los que puedas crear una pila. Por lo general, cuanto más plano sea el cristal, mejor. Si no tienes muchos cristales que puedan apilarse, también resultará mágico buscar en tu entorno rocas planas que puedan servir para el mismo propósito. En las playas y los arroyos suele haber excelentes rocas de este tipo debido al desgaste del agua. Quizás puedas utilizar una mezcla de cristales y rocas de tu zona.

✦ Coloca las piedras en el altar, ordenadas en fila de mayor a menor y de izquierda a derecha. Ahora, con cuidado y paciencia, coloca los cristales o piedras más pequeños encima de los más grandes. Observa cómo la base sólida permite el movimiento ascendente. Siente cómo el equilibrio de los cristales más pequeños depende del sostén de los más grandes. Piensa en cómo funcionan los cimientos y el sostén en tu propia vida. ¿Dónde necesitas más de cada uno?

✦ Mientras reflexionas, bendice el hito con el siguiente conjuro:

«Piedras de equilibrio y armonía,
dad a mi mente estabilidad cada día,
alzándose firmes hacia el cielo,
y un cimiento que me guíe en el suelo».

✦ Cuando estés lista, deja que el hito de cristales realice su magia de anclaje y te sirva de recordatorio para volver a tus verdaderos cimientos cuando te sientas mal.

TALISMÁN DE LA TEJEDORA TENSIONADA

PROPÓSITO DEL HECHIZO: en este hechizo, se usan los poderes de especias sanadoras y la magia con trenzado para llevar vibraciones calmantes a la mente nerviosa.

MOMENTO SUGERIDO:

Luna creciente,
luna llena.

ARTÍCULOS NECESARIOS:

- 3 cintas o tela cortada en trozos de 30 x 5 cm. Se puede usar una camiseta vieja.
- Cuenco grande resistente al calor.
- Agua a punto de hervor.

INGREDIENTES MÁGICOS:

- 1 cucharadita de salvia en polvo
- 1 cucharadita de clavos de olor en polvo
- 1 cucharadita de anís en polvo (una cucharada de cada hierba si utilizas hojas de salvia frescas, clavos de olor enteros o anís estrellado)

HECHIZO

✦ Coloca las tres tiras de cinta o tela junto al cuenco en el altar.

✦ Pon la salvia, el clavo de olor y el anís en el cuenco. Cuando estés lista, vierte el agua hirviendo en el cuenco encima de las hierbas para activar sus poderes. Mientras el agua echa vapor, pon en el cuenco las tiras de tela, una a la vez.

✦ Conjura:

> *«Esta primera cinta es para protección,*
> *mantenme a salvo y libre de todo daño.*
> *Esta segunda cinta es para la serenidad,*
> *alivia mis miedos y mantén mi ser calmado.*
> *Esta tercera cinta es para la fuerza mental,*
> *ayúdame a confiar en mí y*
> *disipa mis nervios y reparos».*

✦ Deja que las cintas absorban la magia de las especias hasta que se enfríe el agua. Disfruta del aroma sereno de las hierbas mientras desprenden su energía sanadora.

✦ Una vez que las tres cintas se hayan enfriado, trénzalas o retuércelas para sellar el hechizo.

✦ Deja secar las cintas en el altar durante toda la noche.

✦ Usa el talismán trenzado o llévalo contigo para combatir la ansiedad.

EL FRASCO DE LA BRUJA

PROPÓSITO DEL HECHIZO: en este hechizo, se usa la magia de destierro de un frasco de bruja tradicional para contener y aplacar la ira. La ira perjudica la sanación, incluso si está justificada. Puede hacernos decir o hacer cosas que en realidad no queremos o que no se condicen con nuestra misión sanadora. Calmarla es incluso una acción sanadora en sí misma, si tenemos en cuenta la paz que conlleva. Utiliza este hechizo de frasco para calmar la ira y poder hacer frente a la situación con claridad.

MOMENTO SUGERIDO:
Cuando sea necesario.

ARTÍCULOS NECESARIOS:
- Frasco mediano con tapa.
- Un puñado de objetos punzantes como tachuelas, alfileres o clavos.
- Vela y encendedor para cera líquida caliente.

INGREDIENTES MÁGICOS:
- 2 cucharadas de orégano
- 2 cucharadas de manzanilla
- 1 cristal de turmalina
- 1 cristal de jaspe

HECHIZO

✦ Pon los objetos punzantes en el frasco, uno a la vez. A medida que los vayas colocando, piensa en las razones por las que estás enfadada.

Pon toda tu energía en las palabras o acciones que te hacen daño. Desahógate manipulando con cuidado los objetos punzantes que inspiran miedo. Piensa en que manejar con cuidado la ira es una medida protectora para tu salud.

✦ A continuación, pon el orégano en el frasco para obtener paz y liberación, y la manzanilla para tener serenidad.

✦ Como tercer paso, coloca las piedras encima de las hierbas. La turmalina absorberá la ira, mientras que el jaspe anclará y equilibrará tus emociones.

✦ Derrite la cera de la vela con el encendedor, luego cierra la tapa y sella el frasco con la cera. Entierra el frasco de la Bruja de la Ira Desterrada en el exterior para que la magia de la tierra absorba y destierre la ira, y así puedas actuar con claridad y sanar de los efectos perjudiciales de esta emoción. Desentierra el frasco tres días después y recupera los cristales para cargarlos. Desecha el contenido restante junto con tu ira en un cesto fuera de tu casa.

ROCÍO PARA LEVANTAR EL ÁNIMO

PROPÓSITO DEL HECHIZO: la depresión puede ser abrumadora y hacerte sentir que no puedes hacer nada. Incluso tareas pequeñas, como ducharse, pueden parecer insuperables. Para ayudarte a salir de la oscuridad y acercarte a la luz, utiliza este ritual de la bruma para refrescar las mantas, las sábanas, la ropa, el cuerpo o el pelo sin demasiado esfuerzo. Hazlo cuando te sientas bien para darte un empujón en aquellos días en los que no tengas energía para hacer nada.

MOMENTO SUGERIDO:
Realizar con la luna llena y utilizar cuando sea necesario.

ARTÍCULOS NECESARIOS:
- Botella rociadora tipo bruma, vacía y limpia.
- 30 ml de agua destilada.
- 30 ml de hidrosol o vodka.

INGREDIENTES MÁGICOS:
- Cristales de cuarzo ahumado
- Cristales de cuarzo rosa
- Mezcla de aceites esenciales:
  - 8 gotas de aceite de ylang-ylang
  - 8 gotas de aceite de bergamota
  - 8 gotas de aceite de naranja

HECHIZO

✦ Mezcla el agua y el alcohol en el rociador. Revuelve despacio para mezclar los ingredientes.

✦ Pon los aceites en la botella. De nuevo, revuelve la botella para mezclar bien.

✦ Coloca el frasco bajo la luna llena, rodeado de cristales de cuarzo. Deja que la energía de la luna llena cargue los cristales y la mezcla, uniendo mágicamente sus propiedades para aliviar la depresión.

✦ Guarda el frasco en un lugar fresco y a la sombra durante un mes como máximo. Rocía la ropa, las sábanas, el sofá o el pelo cuando lo necesites para levantar el ánimo y sentirte renovada.

TALISMÁN DE BOLA ANTIESTRÉS

PROPÓSITO DEL HECHIZO: reduce el estrés con este talismán de bola antiestrés, que puedes exhibir en tu casa o en el altar.

MOMENTO SUGERIDO:
Realizar con la luna menguante.

ARTÍCULOS NECESARIOS:
- Difusor de aceites esenciales.
- 1 naranja grande.
- Palillo de dientes.
- Plato.
- Alambre para manualidades (también sirven un gancho de adorno de Yule o incluso un clip).
- Cordel o cinta.
- Frasco pequeño.

INGREDIENTES MÁGICOS:
- Dibujo: ½ taza de clavos de olor enteros
- Poción:
  - 1 cucharadita de canela
  - 1 cucharadita de clavos de olor en polvo
  - 1 cucharadita de nuez moscada
  - 1 cristal de cuarzo ahumado
- Mezcla de aceites esenciales:
  - 2 gotas de lavanda
  - 2 gotas de bergamota
  - 1 gota de naranja
  - 2 gotas de ylang-ylang

HECHIZO

✦ Enciende el difusor de aceites esenciales con la mezcla dentro.

✦ Introduce los clavos de olor enteros en la naranja usando el extremo puntiagudo para crear dibujos o sigilos aromáticos que alivien el estrés. Si quieres, puedes perforar antes los agujeros con el palillo de dientes para hacer el dibujo y, cuando este esté terminado, meter los clavos de olor en los hoyos. Haz el dibujo que te parezca mejor. Por ejemplo, puedes dibujar corazones, estrellas, diamantes, líneas, flechas o una letra.

✦ Mientras tanto, mezcla las especias para preparar la poción y espárcela en un plato.

✦ Cuando esté listo el dibujo de la naranja con los clavos, rueda la fruta sobre la mezcla de la poción esparcida en el plato. Los jugos liberados por los agujeros de la cáscara ayudarán a que las especias se adhieran bien a la naranja. Deja reposar la fruta unos instantes en la poción.

✦ Retira la naranja y perfora la cáscara con el alambre. Para ello, pasa el alambre por debajo de una parte resistente de la cáscara y vuelve a sacarlo. Ata el cordel al alambre. Cuelga el talismán en la manija de una puerta o en la barra de una cortina, desde donde emanará vibraciones antiestrés. Desecha la naranja cuando empiece a ponerse blanca.

✦ ¡Extra! Guarda la poción sobrante en un frasco. Ponle un cristal de cuarzo ahumado para activarla. Puedes guardar el frasco en el altar, en la guantera del coche, junto a la cama, en un cajón del trabajo..., dondequiera que necesites reducir un poco más el estrés.

SANACIÓN DE LA LUNA PARA EL CORAZÓN ROTO

PROPÓSITO DEL HECHIZO: los corazones rotos duelen muchísimo. De eso no hay duda. Cuando el dolor es grande, la solución nunca es instantánea, pero el trabajo de sanación constante ayuda de verdad. Este hechizo es una manera eficaz de utilizar el ciclo lunar para sacar a tu antiguo amante de tu vida y seguir adelante con confianza y amor.

MOMENTO SUGERIDO:

Identifica las fechas de las próximas luna nueva, luna creciente, luna llena y luna menguante. Vas a realizar este hechizo en cada una de esas noches con un final progresivo de sanación y liberación.

ARTÍCULOS NECESARIOS:

- Caldero.
- Tijeras.
- Frasco pequeño.

ARTÍCULOS (CONT.):

- 3 trozos de cordel de 15 cm.
- Encendedor largo.
- Una fotografía tuya y de tu expareja.

INGREDIENTES MÁGICOS:

- 1 cristal de sodalita
- 1 cristal de jaspe
- 1 cristal de fluorita
- 1 cristal de cuarzo rosa

HECHIZO

✦ En la noche de luna nueva, el hechizo se centrará en abordar la ruptura para que puedas empezar de nuevo.

✦ Primero, rasga la fotografía por la mitad; debes quedar tú en un lado y tu ex en el otro. Coloca las dos mitades en el altar y únelas con un cordel. Sujeta en la mano la sodalita, la piedra de la expresión verbal y la paz. Coloca el dedo índice sobre el cordel. Imagina a tu ex de pie frente a ti. Dile todo lo que necesites. Quizá quieras gritarle, quizá llores, tal vez quieras expresarle tu amor. Dile cualquier cosa que creas verdadera y tal como la sientas. Cuando termines, corta el cordel y guárdalo en el frasco junto con la fotografía y la sodalita. Deja que la sodalita haga su magia calmante y llena de verdad sobre el cordel cortado y la foto.

✦ La siguiente es la noche de luna creciente. Repite la misma disposición en el altar, con la fotografía cortada que estaba en el frasco y un nuevo cordel que una las dos mitades. Sujeta con la mano el jaspe, la piedra del anclaje y el enraizamiento. Coloca el dedo sobre el cordel y piensa en todas las cosas que has hecho por ti durante la semana y las que puedes seguir haciendo. Vuelve a tus raíces. Piensa en crear piezas de arte, cocinar o escribir. Busca un punto desde donde volver a empezar con tus propios talentos y fortalezas. Cuando termines, corta el cordel y guárdalo en el frasco junto con los demás cordeles, la fotografía y el jaspe. Deja que el jaspe te arraigue en un nuevo comienzo.

✦ La siguiente es la noche de luna llena. Repite la misma disposición en el altar, con la fotografía cortada que estaba en el frasco y un nuevo cordel que una las dos mitades. Sujeta con la mano la fluorita, la piedra de la purga y la limpieza. Apoya el dedo sobre el cordel y dile a tu antiguo amante todo lo que rechazas de su persona. Céntrate en las cosas que te han hecho daño o que no eran sanas para ti. Sácalo todo hacia el cordel y la fluorita para liberar por completo esas energías negativas. Lo único que mereces son vibraciones positivas. Cuando termines, corta el cordel y guárdalo en el frasco junto con los demás cordeles, la fotografía y la fluorita. Deja que la fluorita limpie la mala energía de la relación de tu pasado para que puedas avanzar libre de bajas vibraciones.

✦ Por fin llega la noche de luna menguante. ¡Mira lo lejos que has llegado, bruja! Es hora de tomar todos los cordeles y la mitad de la foto en la que está tu ex. Quémalos juntos en el caldero, hasta que queden hechos cenizas. Es práctico usar un encendedor largo, porque así puedes mantener la llama directamente sobre los objetos. Mientras los quemas, sujeta el cuarzo rosa con la mano. Siente cómo se libera el pasado. Transfiere este alivio al cuarzo rosa en forma de amor propio. Libera a tu amante por última vez y da un paso adelante con confianza en ti misma y optimismo para el futuro. Lleva el cuarzo rosa contigo hasta la luna nueva, momento en que el hechizo se habrá completado.

ME SUENA

PROPÓSITO DEL HECHIZO: este talismán está diseñado para curar la memoria defectuosa, aumentar la memoria y retener mejor la información.

MOMENTO SUGERIDO:
Luna creciente, luna llena.

ARTÍCULOS NECESARIOS:
- Campana.
- Cuenco pequeño con agua tibia.
- Vela.
- Bolsa pequeña de muselina.

INGREDIENTES MÁGICOS:
- 1 cucharadita de canela en polvo
- 1 cucharadita de clavos de olor enteros
- 1 cristal de amatista
- 1 piedra de cuarzo cristal

HECHIZO

✦ Enciende la vela junto al cuenco de agua tibia. ¿Sabías que el agua tiene memoria? Dado que el agua se recicla a través de los ciclos naturales de evaporación y condensación, es un poderoso agente de la constancia. Utiliza este conocimiento mientras giras el dedo en el sentido de las agujas del reloj en el agua tres veces, para cargarla a la luz de la vela.

✦ Toca la campana tres veces.

✦ Añade la canela, los clavos de olor y los cristales al agua.

- ✦ Vuelve a tocar la campana tres veces.

- ✦ Deja que la vela arda durante al menos una hora mientras los ingredientes se cargan por completo.

- ✦ Cuando sientas la energía en su punto álgido, toca la campana tres veces más.

- ✦ Vacía el agua del cuenco y guarda los cristales y las especias. Colócalos en la bolsa de muselina y déjalos secar bajo la luz de la luna llena. Toca y huele el talismán siempre que necesites estimular la memoria. Colócalo sobre el escritorio mientras trabajas o estudias. Deja que la magia sane tu mente dispersa y te ayude a retener la información.

FRASCOS DE FELICIDAD

PROPÓSITO DEL HECHIZO: este hechizo con un frasco es una forma potente de crear energía feliz y optimista si te sientes deprimida. Se trata de una magia sanadora a la que puedes volver cuando lo necesites.

MOMENTO SUGERIDO:
Luna llena.

ARTÍCULOS NECESARIOS:
- Frasco de boca ancha vacío con 5 cm de sal.
- Vela pequeña.
- Encendedor.

INGREDIENTES MÁGICOS:
- 3 cucharadas de manzanilla
- 5 ramitas de menta fresca
- 1 cristal de citrino
- 1 cristal de cornalina
- 3 gotas de aceite de naranja

HECHIZO

✦ Pon la manzanilla sobre la sal y coloca las ramitas de menta en el borde del frasco. Introduce también el citrino y la cornalina en el frasco.

✦ Unge la vela con el aceite de naranja mientras recitas:

«Aroma de felicidad, trae alegría interior,
quema la tristeza, quema todo el temor».

✦ Coloca la vela en el centro de la sal.

✦ Cuando estés lista, enciende la vela y conjura:

«Frasco de optimismo, intenso y munificente,
por esta luz que atraviesa toda tristeza.
Soy testigo de la alegría creciente
y aprovecho todo el año su esencia».

✦ Deja que la vela arda hasta que quede por debajo del borde del frasco, si aún no ha sucedido. Apágala y cierra la tapa enseguida para
retener parte del humo en el frasco.

✦ Este frasco emanará vibraciones alegres, así que ponlo en un lugar
visible. Quizá quede bien cerca del fregadero de la cocina mientras
lavas los platos o en el tocador para crear un buen ambiente mientras te vistes por la mañana.

✦ Si notas que el contenido del frasco se pone un poco rancio, basta
con volver a encender la vela durante unos minutos a la luz de la
luna para que se cargue. Si lo necesitas, también puedes reemplazar
la menta para hacer una rápida renovación e infusión de la suerte.
Normalmente, los poderes del frasco duran tanto como la vela, momento en el que puedes hacer uno nuevo en la siguiente luna llena
si lo deseas.

QUIÉN ES
LA MÁS FUERTE

PROPÓSITO DEL HECHIZO: con este hechizo, encantarás un espejo y aprovecharás tu poder interior para revelar e impulsar tu fuerza sanadora.

MOMENTO SUGERIDO:
Luna creciente, luna llena.

ARTÍCULOS NECESARIOS:
• Cuenco pequeño.
• Aceite de jojoba.
• Espejo.
• Dos trozos de hilo o cordel de 60 cm.

INGREDIENTES MÁGICOS:
• 3 ramitas de romero
• 3 ramitas de tomillo
• 7 gotas de aceite de árbol de té o de cedro (el aroma que prefieras para obtener fuerza sanadora)

HECHIZO

✦ Dispersa siete gotas del aceite elegido en una cucharada de aceite portador, como el de jojoba. Coloca la mezcla en un cuenco pequeño en el altar.

✦ Sumerge los dos trozos de cordel en la mezcla de aceites durante, al menos, una hora. Deja que las propiedades fortificantes y fortalecedoras del aceite penetren en los cordeles.

✦ Cuando estén listos, saca los cordeles y pásalos entre el pulgar y el índice para escurrir el exceso de aceite. Si quieres, puedes ungirte las sienes y la nuca con el aceite sobrante para impulsar la fuerza de anclaje.

✦ A continuación, haz dos atados de hierbas. Ata las tres ramitas de romero con uno de los cordeles para amplificar tu poder sanador. Ata las tres ramitas de tomillo para unirte con la fuerza.

✦ Ahora es momento de encantar el espejo. Toma un atado de ramitas en cada mano.

✦ Agita los atados frente al espejo y a su alrededor mientras conjuras:

«Espejo, espejo, reflejo mío,
encantado con romero y tomillo.
Soy la bruja que en el espejo se refleja,
una poderosa sanadora. Que así sea».

✦ Cuelga los atados de las puntas del espejo o colócalos en la base. Cuando se sequen, sellarán el espejo, que pasará a ser una proyección encantada y potenciada mágicamente de tu poder interior y tu fuerza sanadora, a la que podrás acceder cada vez que te mires en el espejo.

MAGIA DE ESPIRAL PARA EL ALMA

PROPÓSITO DEL HECHIZO: este hechizo te ayudará a liberarte y a curarte de patrones negativos y tóxicos que te impidan sanar por completo.

MOMENTO SUGERIDO:
Luna llena, luna menguante, luna nueva.

ARTÍCULOS NECESARIOS:
- Vela.
- Caldero.
- Bolígrafo y papel.
- Encendedor largo.

ARTÍCULOS (CONT.):
- Cuenco pequeño con 2 o 5 cm de sal.
- Athame.

INGREDIENTES MÁGICOS:
- ½ taza de granos de pimienta o de clavos de olor enteros
- 1 cucharada de cúrcuma
- 1 cristal de fluorita

HECHIZO

✦ Primero, escribe el nombre de las personas o los patrones tóxicos que te impiden sanar por completo.

✦ Enciende la vela. Conjura:

«Quema y suelta, ponme en libertad.
Muéstrame mi yo de más autenticidad.

Elimina el miedo y todo lo negativo.
Fuera patrones tóxicos, ¡dejadme ser, os pido!».

✦ Quema el papel en la llama de la vela y arrójalo en el caldero cuando la llama llegue a tus dedos. Si es necesario, termina de quemarlo con un encendedor largo. Deja el caldero con las cenizas a un lado.

✦ A continuación, prepara la poción de destierro. Toma el cuenco con sal y esparce una capa de granos de pimienta o de clavos de olor por encima. Espolvorea la cúrcuma sobre la mezcla de manera uniforme. Por último, cubre la mezcla con una capa de la ceniza del caldero.

✦ Introduce la punta del athame en la poción, en la esquina superior izquierda del cuenco. Mueve el cuchillo lentamente en forma de espiral fluida, en el sentido contrario a las agujas del reloj, cada vez más cerca del centro.

✦ Detente cuando llegues al centro y conjura:

«Espiral hacia abajo, espiral hacia fuera,
saca mis hábitos y dudas que son barrera.
Espiral sin parar, espiral va a quedar.
Muéveme, quiébrame, mi senda has de renovar».

✦ Retira el athame. Sella la espiral que acabas de crear colocando el cristal de fluorita en el centro. Deja la espiral mágica en el altar para que absorba la energía tóxica negativa y la elimine de tu vida. Después de siete días y noches, esparce la poción en el exterior para finalizar el hechizo.

SANAR LA SENSACIÓN
DE IMPOSTORA

PROPÓSITO DEL HECHIZO: el propósito de este hechizo es hacer un ritual de quema para aliviar los efectos del síndrome de la impostora que te impiden asumir tu verdad y poder.

El síndrome de la impostora es el rechazo internalizado de ti misma tal y como eres. Es la sensación de no ser la indicada, a pesar de las pruebas que demuestran lo contrario. El síndrome de la impostora está muy extendido en la comunidad de brujas, y con razón. ¿Durante cuántos años se ha rechazado cualquier reivindicación de nuestro poder? ¿Cuántas veces nos han dicho que la magia no es real o que, si lo es, seguramente es maligna? Para muchas es una batalla constante el hecho de mantener la frente en alto y seguir practicando la brujería. He aquí cómo podemos curarnos de ello.

MOMENTO SUGERIDO:
Luna creciente, luna llena.

ARTÍCULOS NECESARIOS:
- Caldero.
- Vela pequeña.
- Sal.

INGREDIENTES MÁGICOS:
- 1 cucharada de tomillo
- 1 cucharada de orégano
- 3 cristales de citrino
- 3 piedras de cuarzo cristal

HECHIZO

✦ Llena el caldero con unos centímetros de sal. Cubre la sal con el tomillo para la fuerza y con el orégano para la liberación. La combinación de la fuerza interior y la liberación de opiniones externas te ayudará a curarte de las dudas inquietantes que siembra el síndrome de la impostora. Coloca la vela en el centro del caldero.

✦ Para cargar la mezcla, rodea el caldero con citrino para reforzar tu sentido del yo y con cuarzo cristal para amplificar la energía.

✦ Enciende la vela y conjura:

«Soy una bruja.
Rechazo la duda y acepto mi verdad.
Disipo la negatividad y honro mi propia fuerza de voluntad.
Me apoyo en mi conocimiento interior y en mi magia.
Mira cómo sano.
Mira cómo vuelo.
Soy una bruja».

✦ Deja que la vela arda hasta llegar a la sal. Ten cuidado de no dejarla ardiendo sola. Puedes aprovechar este tiempo para leer libros de brujería y seguir sumando conocimientos. Puedes meditar o hacer yoga. Utiliza el tiempo para mejorar, como un desafío a aquellos que quieren verte fracasar. Cuando la vela se haya consumido por completo, la transferencia de energía habrá sanado tu sentido del yo. Eres toda una bruja.

POCIÓN DE CONCENTRACIÓN

PROPÓSITO DEL HECHIZO: crea una poción mágica para curar la mente dispersa y ayudarte a concentrarte cuando lo necesites.

MOMENTO SUGERIDO:
Crear con luna creciente o luna llena; usar cuando se necesite.

ARTÍCULOS NECESARIOS:
- 3 cucharadas de aceite de oliva o de semillas de uva.
- Cacerola pequeña.
- Gasa.
- Frasco pequeño de boca ancha.

INGREDIENTES MÁGICOS:
- 3 ramas de canela
- 2 cucharadas de flores de lavanda secas
- Mezcla de aceites esenciales:
  - 8 gotas de aceite de naranja
  - 4 gotas de aceite de menta
  - 2 gotas de aceite de ylang-ylang

HECHIZO

✦ Calienta el aceite en la cacerola a fuego medio hasta que esté brillante y viscoso.

✦ Incorpora las ramas de canela y las flores de lavanda. Cocínalas a fuego lento entre tres y cinco minutos.

✦ Remueve de vez en cuando.

✦ Retira la mezcla del fuego y déjala reposar entre tres y cinco minutos más.

✦ Cuela la mezcla enfriada con la gasa y pásala al frasco.

✦ Desecha la canela y las flores en el exterior, como ofrenda a la Madre Tierra.

✦ Pon los aceites esenciales en el frasco.

✦ Agita bien la poción, repitiendo:

«*Concéntrame, deja el mundo fuera,*
mantén mi atención, libérame de la distracción.
Agito para arriba, agito para abajo,
mezclo bien mi poción, que crezca la concentración».

✦ Deja la poción en el exterior, bajo la luna creciente o la luna llena, para que se cargue. Aplícate un poco en las muñecas, las sienes o la nuca siempre que necesites curar la falta de concentración.

CAMBIO CON ORÉGANO

PROPÓSITO DEL HECHIZO: este hechizo te ayudará a liberarte de las expectativas tóxicas o poco realistas de los demás, que pesan sobre tu sentido de la claridad y que te exponen a decepciones innecesarias. Sana tu perspectiva con este hechizo de liberación.

MOMENTO SUGERIDO:
Luna menguante, luna nueva.

INGREDIENTES MÁGICOS:
• 1 ramita de orégano seco

ARTÍCULOS NECESARIOS:
• Caldero.
• Encendedor.

HECHIZO

✦ Sujeta la ramita de orégano por un extremo, encima del caldero.

✦ Bendice el orégano recitando:

«Hierba de la tierra, hierba de la paz,
ayúdame a templar y a liberar.
Lo que es será,
lo que fue hecho está.
Lo tejido por estos pensamientos has de soltar.
Ahora te quemo, con prisa arde la llama,
las expectativas funestas ya mismo paran».

✦ Enciende el extremo de la ramita de orégano. Mientras esta arde, concéntrate en cambiar tu actitud para dar la bienvenida a la comprensión. Observa cómo el mero hecho de estar en contacto con el aroma hogareño tranquiliza y abre el alma. Mientras las hojas se marchitan en el fuego, deja que todo lo que te impide abrazar expectativas sanas se libere y se queme. Suelta la ramita en el caldero cuando el fuego esté cerca de los dedos. Inhala poco a poco el humo restante para limpiarte y finalizar el hechizo. Cuando el humo se disipe, el hechizo entrará en vigor.

DERRETIR CON PACIENCIA

PROPÓSITO DEL HECHIZO: este hechizo fomenta la paciencia. El proceso de sanación suele ser largo y complejo, aunque gratificante. Algunos días cuesta más que otros hacerse con la paciencia que se necesita. Utiliza este hechizo como un potente recordatorio de que, con paciencia, todo se consigue.

MOMENTO SUGERIDO:
Luna nueva, luna creciente.

ARTÍCULOS NECESARIOS:
- Cuenco apto para el congelador o cubetera (se recomienda un recipiente de silicona, porque es más fácil de manipular).
- Vela.
- Luz.

ARTÍCULOS (CONT.):
- Agua.
- Cuenco más grande.

INGREDIENTES MÁGICOS:
- 1 cucharada de lavanda seca
- 1 cucharada de romero seco
- 1 cucharada de tomillo seco

HECHIZO

✦ Fija la vela al fondo del cuenco o de la cubetera. Para ello, enciéndela durante un momento y deja que la cera se derrita un poco. Vierte la cera derretida en el centro del cuenco o de la cubetera y coloca la vela sobre ella. Sujeta esta última, presionando y esperando a que la cera se enfríe y endurezca para que la vela quede fija en el lugar.

✦ A continuación, vierte agua en el cuenco. Mientras lo haces, imagina que viertes las frustraciones y preocupaciones que llevas dentro y las echas en el cuenco.

✦ Añade las hierbas sanadoras al agua. Al poner la lavanda, invita a la calma para que cure tus frustraciones. Al poner el romero, invita al amor para que alivie tus preocupaciones. Al poner el tomillo, invita a la fuerza y al valor para que te guíen para avanzar.

✦ Coloca con cuidado el cuenco o la cubetera en el congelador. Procura que el recipiente esté recto para que el agua se congele de manera uniforme. Deja que lo haga toda la noche mientras las hierbas hacen su magia sobre tus frustraciones.

✦ Por la mañana, saca la poción de hielo del recipiente. Colócala en el altar, dentro de un recipiente más grande para que este contenga el agua a medida que se derrita.

✦ Enciende la vela y recita tres veces:

«Mientras se va derritiendo el hielo,
a que mi paciencia renazca apelo.
Que mis frustraciones se esfumen y mengüen,
fugaces como una lluvia tenue».

✦ Una vez derretido el hielo, vierte la poción derretida en el exterior, en la tierra. Dibuja un pentagrama con el dedo en la parte de la tierra que ha quedado húmeda. Esto sellará el hechizo con la magia paciente de la tierra para ayudar a curar tu impaciencia.

SEGÚN CÓMO SE MIRE

PROPÓSITO DEL HECHIZO: este ritual nos libera de actitudes envidiosas y chismes mezquinos que minan nuestra energía positiva y nos impiden abordar nuestro propio trabajo de sanación.

MOMENTO SUGERIDO:
Luna nueva.

ARTÍCULOS NECESARIOS:
- Cuenco mediano con una capa de sal de 2,5 cm.

INGREDIENTES MÁGICOS:
- 1 taza de clavos de olor enteros
- 1 cucharada de pimienta negra
- ½ taza de lavanda seca

HECHIZO

✦ En este ritual, vas a usar hierbas sanadoras y especias para crear un talismán que te libere de una mentalidad mezquina y cree un ojo compasivo para ver el mundo.

✦ Primero, dibuja el contorno del ojo en el cuenco de sal. Forma un óvalo con los clavos de olor. Mientras colocas cada clavo pequeño, extremo con extremo, piensa en todas las veces que te fijaste en desaires u ofensas insignificantes en lugar de hacerlo en la compasión o la liberación. Piensa en todas las personas que envidias y por qué te sientes así. El clavo de olor absorbe las energías negativas, así que sácalo todo de tu interior.

✦ Mientras colocas los clavos de olor, recita:

«Clavo tras clavo, extremo con extremo,
a mi mezquindad le pongo freno».

✦ Luego, pon la pupila en el centro del ojo, formando un montoncito de pimienta negra en el centro. La pimienta negra es un poderoso agente liberador, así que deja que se acumule en el centro para ayudar a expulsar los celos persistentes.

✦ Mantén las manos sobre la pupila de pimienta y conjura:

«Rápido, pimienta, libérame te pido, no más celos mezquinos».

✦ Por último, dibuja el iris del ojo con las flores de lavanda. Rodea con cuidado la pupila de pimienta con las propiedades calmantes y sanadoras de la lavanda. La lavanda también es buena para la apertura psíquica, por lo que te ayudará a juzgar las situaciones con la intuición en lugar del ego.

✦ Conjura:

«La lavanda calma mi corazón inquieto,
renueva mi vista con un nuevo comienzo».

✦ Deja tu ojo de la claridad compasiva en el exterior, bajo la luna nueva, para activar su poder y permitir tu liberación plena.

5

SANA TU ESPÍRITU

El espíritu de la bruja es la esencia, la motivación interna y el alma. El espíritu es el ímpetu que hay detrás de los procesos mágicos y la fuerza que impulsa a la bruja interior. Un espíritu apagado y poco sano puede retorcer la energía, al poner más énfasis en los impulsos vulgares del ego que en los impulsos más potentes del alma. Cuanto más nos acerquemos a la sanación del espíritu, más puros y bien intencionados serán los procesos mágicos. Un espíritu sano también es contagioso y tiene un efecto positivo en nuestra familia, amigos y comunidades. Al fin y al cabo, la gente que ha sanado cura a los demás. Usa estos hechizos y rituales para expulsar cualquier fuerza malsana que esté motivada por el ego y abraza un yo inspirado, compasivo y valiente.

QUEMA Y BAÑO DE APERTURA AMOROSA

PROPÓSITO DEL HECHIZO: este hechizo está hecho para liberarte y sanarte de decepciones amorosas del pasado y renovar tu corazón para abrirlo a la posibilidad del amor.

MOMENTO SUGERIDO:
Luna nueva.

ARTÍCULOS NECESARIOS:
- Cuchara de madera.
- Cuenco para mezclar.
- Frasco de boca ancha.
- 2 velas.
- Encendedor.
- Trozo de papel.
- Tinta negra.

ARTÍCULOS (CONT.):
- Cuenco pequeño.
- Bañera.
- Mezcla para baño:
  - 1 taza de sal de Epsom.
  - 1 taza de bicarbonato de sodio.
  - 1 cucharadita de aceite de coco.

INGREDIENTES MÁGICOS:
- 8 gotas de aceite de incienso
- 8 gotas de aceite de lavanda

HECHIZO

✦ En un cuenco, incorpora los aceites a la mezcla de baño para crear una poción. Revuelve bien los aceites con la cuchara de madera. Usa la mitad de la poción para hacer un ritual de baño de amor en este momento y guarda la otra mitad en el frasco para usarla dos semanas después, durante la luna llena.

✦ Deja correr el agua de la bañera, regula la temperatura hasta alcanzar la que te resulte más agradable, tapa el desagüe y echa la poción.

✦ Enciende dos velas en el cuarto de baño. Una representa tu futuro y la otra, tu pasado. Llena el cuenco pequeño con agua de la bañera y colócalo entre las velas. Escribe algo simbólico del pasado en el trozo de papel; por ejemplo, el nombre de una expareja.

✦ Quema el papel con el encendedor y recita:

«Adiós decepción, adiós dolor,
te libero de mi memoria, solo tengo para ganar amor».

✦ Echa el papel quemado en el cuenco con agua de la bañera y apaga la vela del pasado.

✦ Métete en la bañera y sumérgete en el agua tibia y sanadora. Siente cómo la vela que queda arde con positividad para el futuro. Sumerge el cuerpo en la poción sanadora y renovadora. Cuando termines, sécate y echa el papel quemado y el agua por el retrete. Apaga la segunda vela, sabiendo que tu futuro amoroso es prometedor. Repite el baño de limpieza con la otra mitad de la poción dos semanas después para finalizar el hechizo.

HONRAR A LA MADRE NATURALEZA

PROPÓSITO DEL HECHIZO: este ritual de los buenos días sana la falta de conexión espiritual con la Madre Naturaleza y refuerza tu alineación con los ciclos naturales que impulsan tu trabajo con la magia.

MOMENTO SUGERIDO:
Amanecer.

INGREDIENTES MÁGICOS:
• Tú

ARTÍCULOS NECESARIOS:
• Pala y frasco.

HECHIZO

✦ Ve al aire libre y párate en un lugar tranquilo y privado.

✦ Planta los pies con firmeza en el suelo. Si puedes, descálzate.

✦ Mira hacia el este. Céntrate. Aprecia el lugar que has elegido. En la siguiente inspiración profunda, levanta los brazos por encima de la cabeza. Con los brazos aún levantados, recita:

«Honro el aire del este».

Exhala mientras bajas los brazos.

✦ Gira a la derecha para mirar hacia el sur. En la siguiente inspiración profunda, levanta los brazos por encima de la cabeza. Con los brazos levantados, recita:

«Honro la llama del sur».

Exhala mientras bajas los brazos.

✦ Continúa este proceso hacia el oeste:

«Honro el agua del oeste».

✦ Y el norte:

«Honro la tierra del norte».

✦ Cuando termines, agáchate y recoge un poco de tierra del lugar donde realizaste la ceremonia. Llévatela a casa en un frasco para poner en el altar. La tierra ritual es estupenda para atraer la salud a tu vida con solo estar presente en tu hogar. Disfruta de su energía mágica y sanadora.

✦ Desecha la tierra después de un ciclo lunar y repite el hechizo cuando sea necesario.

BAILARINA DE LA LUNA Y LAS ESTRELLAS

PROPÓSITO DEL HECHIZO: el propósito de este ritual es sanar cualquier desconexión que sientas con el universo y conectarte con la sanación divina mediante el poder del cosmos.

MOMENTO SUGERIDO:
Luna llena o víspera de un *sabbat* importante.

ARTÍCULOS NECESARIOS:
- Cuenco con agua.
- Cuenco con sal.
- Campana o campanilla.

ARTÍCULOS (CONT.):
- Athame.
- Diario o trozo de papel y bolígrafo.

INGREDIENTES MÁGICOS:
- 1 cristal de amatista
- 1 piedra de cuarzo cristal

HECHIZO

✦ Establece un espacio sagrado al aire libre colocando el agua al oeste, la sal al norte, la campana al este y el athame al sur. Estos elementos representan el agua, la tierra, el aire y el fuego, respectivamente.

✦ Párate en el centro de los cuatro elementos. Usa los cinco sentidos para conectarte con la naturaleza. ¿A qué huele el aire? ¿Sientes un sabor a humedad en el aire? ¿Oyes la brisa que agita los árboles? Siente el suelo que pisas. Por último, mira las estrellas del cielo nocturno.

✦ Mientras miras hacia arriba, levanta los brazos hacia el cielo como si tocaras las estrellas. Mueve los brazos hacia delante y hacia atrás. Deja que el movimiento descienda por los brazos y continúe por la cabeza y el torso. Comienza a menear las caderas y, si quieres, haz un giro con una pierna. Baila al son de la música del cielo nocturno. Baila para celebrar tu lugar en el cosmos. Baila para aceptar la presencia divina en tu vida.

✦ Cuando estés cansada, siéntate y descansa en el centro de tus cuatro elementos. Ten cerca la amatista y el cuarzo cristal. Toma el diario o el trozo de papel, y vuelve la vista al cielo nocturno. Dibuja la posición de las estrellas y la luna tal como las ves. No te preocupes por la precisión ni el talento artístico. Concéntrate en transcribir el momento tal como lo estás viviendo, en el lenguaje de las estrellas. Vuelve a esta noche y a este dibujo mágicos cuando necesites recordar tu lugar bendito y especial entre las estrellas, y sanar alguna desconexión recurrente.

POCIÓN DE APERTURA DEL CAMINO VIDENTE

PROPÓSITO DEL HECHIZO: utiliza esta poción para aumentar la receptividad de tu espíritu a los mensajes psíquicos y las visiones sobre el camino de tu vida. Aplica esta poción a tus procesos mágicos para sanar la falta de dirección o la confusión que puedas tener acerca del propósito y del futuro de tu vida.

MOMENTO SUGERIDO:
Luna llena.

ARTÍCULOS NECESARIOS:
- Cacerola pequeña.
- 2 cucharadas de aceite de oliva.
- Gasa.
- Frasco pequeño.

INGREDIENTES MÁGICOS:
- 3 ramitas de romero
- 3 ramitas de tomillo
- 3 hojas de salvia
- ¼ de taza de lavanda seca
- 3 gotas de aceite esencial de cedro

HECHIZO

✦ Calienta el aceite de oliva en la cacerola a fuego medio hasta que esté brillante y viscoso.

✦ Incorpora el romero, el tomillo, la salvia y la lavanda, y añade más aceite si es necesario para cubrir las hierbas por completo. Calienta a fuego lento entre 5 y 10 minutos. Revuelve de vez en cuando.

✦ Retira la mezcla del fuego y déjala reposar entre 3 y 5 minutos más.

✦ Cuela la mezcla por la gasa cuando se haya enfriado un poco y pásala al frasco.

✦ Desecha las hierbas sobrantes en el exterior, como ofrenda a la Madre Tierra.

✦ Pon el aceite de cedro en el frasco.

✦ Agita bien la poción, repitiendo:

«Adivinas y profetas, oráculos y sibilas,
prestadme vuestros talentos, mostradme el camino.
Por hierbas y aceite, vaticino el propósito de mi vida.
Abridme el camino, hasta el final de mi destino».

✦ Carga la poción a la luz de la luna llena. Cuando sea necesario, úsala para obtener claridad, aplicándola en el tercer ojo, las sienes o el corazón. También puedes usarla en hechizos, para ungir velas que te ayuden a tomar decisiones de vida o emprender un proyecto.

UN LIBRO ABIERTO

PROPÓSITO DEL HECHIZO: este hechizo ayuda a curar la desconexión en tu intuición y la debilidad en tus capacidades psíquicas. Se usa la magia de la bibliomancia, es decir, de la adivinación con libros, para ayudarte a recibir la guía de lo divino. Al invocar tu intuición y tus herramientas intuitivas, eres capaz de recibir mensajes divinos a través de palabras escritas y de sanar la desconexión divina.

MOMENTO SUGERIDO:

Luna creciente, luna llena.

ARTÍCULOS NECESARIOS:

- Un libro que te guste mucho o un libro que tenga un significado especial para tu alma. Quizá sea una novela que te cambió la vida, un libro de poemas que te inspiran o un texto espiritual como la Torá o la Biblia. Cuanto más conozcas el texto y más conectada estés con él, mejor.

ARTÍCULOS (CONT.):

- Difusor de aceites esenciales.
- ½ taza de sal.

INGREDIENTES MÁGICOS:

- 3 cristales de amatista
- 3 cristales de sodalita
- 3 piedras de cuarzo cristal
- Mezcla de aceites esenciales:
  - 4 gotas de lavanda
  - 3 gotas de bergamota

HECHIZO

✦ Siéntate en el suelo en un lugar tranquilo y cómodo con el libro que hayas elegido.

✦ Enciende el difusor con la mezcla de aceites esenciales y déjalo cerca de ti.

✦ Crea un círculo a tu alrededor con una línea delgada de sal. Coloca puntos de amatista, sodalita y cuarzo cristal a lo largo de la sal para crear una rejilla protectora de energía intuitiva.

✦ Sujeta el libro con las manos y apóyalo contra la frente, dejando que la energía del libro se funda con tu mente durante un minuto. Respira hondo y a un ritmo constante todo el tiempo.

✦ Mientras tienes el libro apoyado contra el cuerpo, pide al espíritu que te hable a través del libro.

✦ Recita tres veces:

«Espíritu divino, escucha mi súplica,
usa este libro para enviarme
palabras de guía y de luz únicas.
Recibo tu significado claro y brillante».

✦ Al final de la tercera repetición, deja que el libro caiga abierto en tu regazo. Al instante, coloca el dedo en el lugar de la página que lo atraiga. Lee el fragmento que el espíritu ha elegido para ti. Reflexiona sobre su significado. Contempla el lugar que ocupa el fragmento en el libro en general. Luego piensa en el mensaje en el contexto de los actuales acontecimientos de tu vida. ¿Cómo puedes aplicar este mensaje? Recuerda que el espíritu quiere ayudarte, así que intenta formular consejos para ti a partir del fragmento. Confía en que este proceso está sanando tu intuición, y confía en que el espíritu te dirá la verdad que necesitas oír.

ARMADA CON UN TALISMÁN

PROPÓSITO DEL HECHIZO: este talismán atrae la protección mágica de tu espíritu mediante la magia de cristales, hierbas y especias defensivas. Sana tus puntos débiles espirituales con esta bolsita talismán.

MOMENTO SUGERIDO:
Luna creciente, luna llena.

ARTÍCULOS NECESARIOS:
- Encendedor.
- Bolsa pequeña de muselina o cuadrado de tela.

INGREDIENTES MÁGICOS:
- Manojo de salvia seca
- 3 hojas de laurel
- 1 cucharada de perejil seco
- 1 cucharada de salvia molida
- 1 cristal de fluorita
- 1 cristal de cuarzo claro

HECHIZO

✦ Coloca todos los ingredientes en el altar por separado.

✦ Enciende la salvia seca y agita el humo sobre todos los ingredientes y sobre ti para limpiar cualquier energía negativa que tengan adherida.

✦ A continuación, hechiza los ingredientes para protegerlos. Apoya las manos con cuidado sobre los objetos y conjura:

«Invoco la protección de estos cristales y hierbas.
Protegedme del daño y de las curvas rudas.

Mantenedme a salvo, libre de todo mal, miedo y duda.

Estoy protegida del peligro con este talismán cerca».

✦ Introduce todos los ingredientes bendecidos en la bolsa o átalos en el cuadrado de tela. Lleva el talismán puesto, guárdalo en un bolsillo o bolso, o colócalo en el altar. Sujeta la bolsita para obtener energía protectora cuando sientas la necesidad de sanar tu protección espiritual. Recarga el talismán bajo la luna llena todos los meses.

PRAXIS DE ADIVINACIÓN CON HUMO

PROPÓSITO DEL HECHIZO: el cambio es difícil de aceptar. Somos criaturas de costumbres y muchas veces nos sentimos desorientados, confusos o incluso enfadados cuando se producen cambios. Mejora tus respuestas al cambio cargadas de negatividad y estrés mediante la práctica de la magia de la adivinación con humo.

MOMENTO SUGERIDO:
Luna menguante,
luna nueva.

ARTÍCULOS (CONT.):
• Athame.
• Campana.

ARTÍCULOS NECESARIOS:
• Vela.
• Encendedor.
• Cuenco pequeño con agua.

INGREDIENTES MÁGICOS:
• 1 cristal de jaspe
• 1 gota de aceite de lavanda

HECHIZO

✦ Coloca la vela en el centro del altar y úngela con aceite de lavanda. Rodéala con el poder de los cuatro puntos cardinales colocando el cristal al norte de la vela, el athame al sur, el cuenco con agua al oeste y la campana al este.

✦ Enciende la vela. Mira fijamente la llama danzante. Observa cómo se mueve al ritmo de la energía mundana interior y exterior. Medita sobre el cambio que se está produciendo en tu vida. Piensa en cómo se produjo y en cómo estás afrontándolo. Pregúntate si estás respondiendo de la manera más sana o si es necesario hacer ciertos ajustes. Por último, pide a Dios que te guíe en el cambio a través del poder del humo.

✦ Cuando estés lista, apaga la vela. Sigue la dirección del humo con la mirada. ¿Se dirigió hacia el norte, hacia tu cristal? ¿O fue en otra dirección? A continuación, encontrarás el significado del tipo de humo y su dirección para que puedas comprender, aceptar y sanar el cambio:

EL HUMO SUBE RECTO: el espíritu aconseja no hacer nada. Solo suelta y entrégate al cambio.

EL HUMO SUBE HACIA EL NORTE: este cambio requerirá tu liderazgo y confianza; es el momento de aceptar el reto y asumir tu poder.

EL HUMO SUBE HACIA EL SUR: es probable que este cambio sea difícil y caótico. Date tiempo para enfrentarte a los desafíos que se presenten.

EL HUMO SUBE HACIA EL ESTE: este cambio trae comienzos maravillosos. Busca nuevas oportunidades.

EL HUMO SUBE HACIA EL OESTE: este cambio cierra un capítulo de tu vida. Suéltalo.

HUMO ABUNDANTE: actúa de inmediato en relación con el cambio.

HUMO DÉBIL Y TENUE: tómate tu tiempo para procesar el cambio.

✦ Al explorar intencionadamente tu respuesta al cambio con este método de adivinación, te estarás curando del cambio que se produzca en tu vida y lo estarás procesando.

RITUAL DE INSPIRACIÓN ESPIRITUAL

PROPÓSITO DEL HECHIZO: conjura inspiración para tu espíritu mediante el poder mágico del aire, con palabras significativas dichas en voz alta para elevarte y curarte de un estancamiento espiritual.

MOMENTO SUGERIDO:
Este ritual de oración se invoca al amanecer, para representar los nuevos comienzos.

INGREDIENTES MÁGICOS:
• 1 cristal de citrino
• 1 cristal de cornalina

ARTÍCULOS NECESARIOS:
• Vela.
• Encendedor.
• Bolígrafo y papel.

HECHIZO

✦ La noche antes de realizar este ritual, siéntate en tu escritorio y enciende una vela para atraer chispas de inspiración. Escribe una lista de doce cosas que inspiren tu alma. No tengas miedo a buscar en lo más profundo y usar la creatividad. Pueden ser inspiraciones físicas, como buenos libros, el o la artista que más te gusta, flores o tus hijos. También pueden ser inspiraciones intangibles como la risa, el viento en los árboles, el sonido del romper de las olas en el mar o la energía de tus cristales.

✦ Una vez que hayas terminado la lista, escribe junto a cada elemento una frase que describa la cualidad que más te inspira de él. Por ejemplo: «Mary Cassatt inspira en mi espíritu el amor por la belleza y el cuidado de mis hijos como madre». O bien: «El sonido del océano inspira a mi espíritu a encontrar su ritmo».

✦ Cuando termines, coloca los cristales sobre el papel durante la noche para cargar las palabras.

✦ A la mañana siguiente, párate firmemente en un lugar significativo para ti y que esté al aire libre, con la lista en una mano y los cristales en la otra.

✦ Deja que el poder de la tierra y el aire se combinen en el fluir de tus palabras. Tu espíritu se cura mientras lees la lista en voz alta, como una plegaria a la Madre Naturaleza. Para recordar este momento de sanación, elige una piedra del suelo de donde estás parada y llévatela a tu altar, como un recuerdo de esta renovación sanadora.

FUERA CULPA

PROPÓSITO DEL HECHIZO: la culpa es una gran carga, sobre todo cuando sentimos arrepentimiento de verdad o cuando nos sentimos culpables por cosas que escapan a nuestro control. Cura tu espíritu de la carga de la culpa mediante la ligereza de la magia del aire.

MOMENTO SUGERIDO:
Luna menguante, luna nueva. Elige una noche clara y sin lluvia para no dañar la prenda.

ARTÍCULOS NECESARIOS:
- 1 bufanda, manta o sudadera que uses seguido y que te haga sentir más tranquila.
- Un lugar seguro al aire libre para colgar la prenda, como un tendedero, la rama de un árbol, un balcón, un porche o una ventana abierta.

ARTÍCULOS (CONT.):
- Cuenco pequeño.

INGREDIENTES MÁGICOS:
- Cristales de sodalita
- Cristales de cuarzo ahumado

HECHIZO

✦ Después de la puesta de sol, cuelga la prenda en el exterior.

✦ Ata los cristales a la prenda o colócalos debajo de ella en un cuenco.

✦ Ponte de pie con los brazos extendidos hacia la prenda e invoca el poder del aire con este conjuro:

«El viento sopla con fuerza o sopla suave.
El norte o el sur soplan alivio a mares.
El este y el oeste limpian mi alma cargada.
Poder del aire, déjame plena y sana».

✦ Deja la prenda en el exterior toda la noche, para que los cristales, el aire nocturno y la luz de la luna la limpien y renueven.

✦ Por la mañana, entra la prenda y los cristales, y deja que se seque el rocío que pueda haber quedado. Envuélvete con la prenda cuando necesites aliviar la culpa de tu mente. La prenda cargada mágicamente te ayudará a eliminar ese peso y te sanará con su consuelo mágico.

PEQUEÑO ALTAR DE ALINEACIÓN

PROPÓSITO DEL HECHIZO: tu espíritu se sana mediante la alineación de la mente y el cuerpo. Cuando la mente y el cuerpo están alineados, el espíritu fluye naturalmente. Con este hechizo, crearás un pequeño altar ritual de alineación de la mente y el cuerpo que te permitirá tener un espíritu sano y próspero.

MOMENTO SUGERIDO:
Cuando sea necesario.

ARTÍCULOS NECESARIOS:
- Espacio en un alféizar o una mesa pequeña junto a una ventana soleada.

INGREDIENTES MÁGICOS:
- Piedras para abrir los chakras:
  - Cuarzo cristal: chakra corona
  - Amatista: chakra del tercer ojo
  - Sodalita: chakra de la garganta
  - Aventurina verde: chakra corazón
  - Citrino: chakra del plexo solar
  - Cornalina: chakra sacral
  - Jaspe: chakra raíz

HECHIZO

✦ Muchas veces, el cuerpo no se siente alineado con lo que quiere la mente. La cabeza nos dice una cosa mientras que el instinto nos dice otra. No sabemos qué hacer. Esta confusión nos hace perder confianza y energía, y desanima el espíritu. Para ayudarte, utiliza el poder de los cristales para abrir tus siete chakras, o centros energéticos del cuerpo, y alinea tus pensamientos con tus acciones.

✦ Primero, coloca el cuarzo cristal sobre la cabeza. Conjura:

«Abre, poder del cuarzo, mi espiritualidad hasta lo más hondo».

Deja el cuarzo en el alféizar de la ventana.

✦ Coloca la amatista sobre la frente. Conjura:

«Abre, poder de la amatista, permite a mi tercer ojo la vista».

Deja la amatista junto al cuarzo en el alféizar.

✦ Coloca la sodalita sobre la garganta. Conjura:

«Abre, poder de la sodalita,
para decir la verdad, nada me limita».

Deja la sodalita junto a la amatista en el alféizar.

✦ Coloca la aventurina verde sobre el corazón. Conjura:

«Abre, poder de la aventurina,
llena mi corazón de regocijo y alegría».

Deja la aventurina junto a la sodalita en el alféizar.

✦ Coloca el citrino sobre el abdomen. Conjura:

«Abre, poder del citrino, la fuerza de voluntad
y la intencionalidad».

Deja el citrino junto a la aventurina en el alféizar.

✦ Coloca la cornalina sobre la pelvis. Conjura:

«Ábreme, poder de la cornalina, a la imaginación
y la actitud creativa».

Deja la cornalina junto al citrino en el alféizar.

✦ Por último, coloca el jaspe sobre la parte baja de la espalda. Conjura:

«Ábreme, poder del jaspe, a una sensación de hogar
y seguridad grande».

Deja el jaspe junto a la cornalina en el alféizar.

✦ Contempla la belleza de la luz del sol danzando sobre tu pequeño altar de apertura y alineación. Deja que esta imagen y la energía sinteticen por completo tu mente y tu cuerpo para generar un espíritu sano y próspero.

BAÑO DE PIES PARA PERDONAR

PROPÓSITO DEL HECHIZO: tu espíritu se cura a través del perdón. Utiliza este baño de pies mágico para perdonar a aquellos que te han hecho daño. Muchas veces, la ira está justificada, incluso merecida. Sin embargo, por el bien de nuestra preciada energía espiritual, es productivo intentar perdonar en algún momento. Aunque la persona no merezca el perdón, considéralo una liberación. Esa persona ya no está autorizada para provocarte, ya que has avanzado y alcanzado un estado de claridad y compasión para tu espíritu.

MOMENTO SUGERIDO:
Luna menguante, luna nueva.

ARTÍCULOS NECESARIOS:
- Cuenco grande resistente al calor.
- Agua a punto de hervor.

INGREDIENTES MÁGICOS:
- 1 cucharada de canela en polvo
- 2 cucharadas de manzanilla
- 1 cucharada de lavanda
- 1 cristal de amatista
- 1 cristal de cuarzo ahumado

HECHIZO

✦ Coloca el cuenco en el suelo junto a una silla. Incorpórale la canela, las hierbas y los cristales.

✦ Vierte agua hirviendo sobre la mezcla y conjura:

«Ira ardiente, caliente como esta agua hirviendo,
empapa mis piedras y especias calmantes,
y así esta ira se irá retrayendo».

✦ Inclínate e inhala durante unos instantes la energía calmante de las especias y hierbas activadas por el calor.

✦ Mientras el agua se enfría un poco, ponte recta con los pies descalzos en el suelo. Estando erguida, con orgullo, empuja toda la energía de ira contenida, desde la parte superior de la cabeza hacia abajo, a través del torso, por las piernas y hacia los pies. Siente cómo la ira se acumula en tus pies. Siente la dolorosa carga de la indignación. Deja que duela.

✦ Siéntate. Introduce los pies en el agua de hierbas, probándola primero con cuidado para no quemarte. Sumerge los pies por completo en las hierbas curativas. Masajéatelos con los cristales. Imagina que, poco a poco, el agua mágica extrae de tus pies toda la rabia oscura y ardiente. Empieza a sentir paz. Empieza a sentir equilibrio. Sé consciente de que te estás curando de esta difícil experiencia. Desecha el agua enfriada en una alcantarilla o un río para que el perdón fluya libremente, emanando a lo largo y ancho.

HOJAS DE ESPERANZA

PROPÓSITO DEL HECHIZO: tu espíritu sufre por la falta de esperanza o porque no crees en tus sueños. Este hechizo cura esas dudas y libera las esperanzas y los deseos más grandes de tu corazón hacia el universo, para que se cumplan mediante el poder del fuego y las hojas de laurel.

MOMENTO SUGERIDO:
- Luna nueva.

INGREDIENTES MÁGICOS:
- 4 hojas de laurel secas enteras

ARTÍCULOS NECESARIOS:
- Caldero con 5 cm de sal.
- Encendedor largo.

HECHIZO

✦ Piensa en cuatro deseos o esperanzas que te gustaría que bendijera la luna nueva. Asigna un deseo a cada hoja de laurel acercando cada una a tus labios mientras le susurras el deseo.

✦ Coloca cada hoja en la sal, con un extremo dentro de esta y el otro sobresaliendo hacia arriba. Colócalas en los puntos norte, sur, este y oeste.

✦ Cuando estés lista, quema una a una cada hoja de laurel hasta llegar a la sal. (Por eso recomiendo usar un encendedor largo, ya que puede que tengas que mantener la llama encendida sobre cada hoja mientras se quema para que no se apague). Este hechizo se basa en la inercia, por lo que la hoja de laurel debe quedar hecha cenizas para completar el deseo. Primero, quema el deseo del norte y muévete en el sentido de las agujas del reloj hasta el deseo del oeste. Tómate tu tiempo y siente el poder de cada intención.

✦ Mientras quemas cada hoja, imagínate viviendo el mejor resultado de cada deseo y sana tus dudas.

✦ Recita:

> «¡Salve Diosa, bendita seas, concédeme mis esperanzas
> y lo que mi ser desea!».

✦ Desecha las cenizas en el exterior para sellar el hechizo con la Madre Naturaleza y poner en marcha el proceso de sanar tu espíritu con esta renovación de tus esperanzas y sueños.

CÓCTEL DE VALOR

PROPÓSITO DEL HECHIZO: tu espíritu sufre si no puedes reunir confianza y valor. Crea un altar que invoque el poder de los aceites, las hierbas y los cristales para reforzar la confianza y el valor, y para sanar las inseguridades de tu espíritu.

MOMENTO SUGERIDO:
Luna creciente, luna llena.

ARTÍCULOS NECESARIOS:
- Copa para martini, margarita o vino.
- Sal.

INGREDIENTES MÁGICOS:
- 3 hojas de laurel
- 3 ramitas de tomillo
- 3 hojas enteras de salvia
- Cristales de citrino
- Cristales de turmalina
- Mezcla de aceites esenciales:
  - 3 gotas de naranja
  - 3 gotas de cedro
  - 3 gotas de incienso

HECHIZO

✦ Llena de sal el tercio inferior del recipiente de vidrio que hayas elegido. Echa las gotas de aceite esencial sobre la sal.

✦ Coloca las hojas de laurel y la salvia extendidas sobre la sal con los aceites.

✦ Coloca los cristales encima de las hojas. Si quieres, puedes poner una buena cantidad de cristales para hacer un bonito arreglo.

✦ Adorna la copa con el tomillo.

✦ Pon la copa a cargar durante la noche a la luz de la luna creciente o la luna llena. Conserva este cóctel de valor en tu altar un máximo de tres días con sus noches para inspirar confianza a tu espíritu y sanar la timidez.

DETERMINACIÓN ELEMENTAL

PROPÓSITO DEL HECHIZO: por ser un guerrero sanador que te cura a ti y a los demás, tu espíritu encontrará mucha energía negativa, y puede que a veces se sienta desanimado. Usa este hechizo para regenerar y renovar tu espíritu liberándolo de estas energías.

MOMENTO SUGERIDO:
Luna nueva.

ARTÍCULOS NECESARIOS:
- Cuenco de agua tibia, preferentemente elixir de agua de luna tibia de «Elixir de agua de luna sanador» (ver página 79).
- Difusor de aceites esenciales

INGREDIENTES MÁGICOS:
- 1 cristal de cuarzo rosa
- 1 cristal de citrino
- Aceite de bergamota o de lavanda para el difusor (elige el aroma que prefieras)

HECHIZO

✦ Enciende el difusor con el aceite que hayas elegido.

✦ Siéntate cómodamente frente al altar, con una piedra en cada puño.

✦ Cuando estés lista, coloca los cristales contra tu cara y recita:

«Poder del aire, limpia mi visión y mi voz».

✦ Apoya los cristales contra el corazón y recita:

«Poder de la tierra, fortalece mi corazón y mis esperanzas».

✦ A continuación, presiona los cristales contra la zona pélvica y recita:

«Poder del fuego, inspira compasión y creatividad».

✦ Por último, introduce los puños en el cuenco de agua tibia. Suelta los cristales en el cuenco y deja las manos sumergidas en el agua. Recita:

«Poder del agua, renueva mi alma y mi autoestima».

✦ Retira las manos y déjalas secar al aire apoyadas en el regazo mientras te quedas sentada y respiras lentamente, inclinándote hacia la energía pulsante de amor propio que acabas de crear. Respira hondo al ritmo de este flujo de energía amorosa. Cuando las manos estén secas, el hechizo quedará sellado. Continuarás tu día con el espíritu sanado y una determinación renovada.

LA ONDA EXPANSIVA
DE LA VERDAD

PROPÓSITO DEL HECHIZO: ahora que estás encaminada para sanar tu cuerpo, mente y espíritu, es momento de aprovechar tu nueva perspectiva y abrazar el camino de la sanación. Es hora de encontrar tu voz y la valentía para hacer valer tu verdad. Has invertido mucho tiempo y energía en aprender esa verdad: llegó el momento de ayudar a otros, compartiendo tu conocimiento y tu sabiduría. Este hechizo te prepara y te fortalece el espíritu para el importante trabajo de sanación que tienes por delante y que dirigirás a tus comunidades y al mundo.

MOMENTO SUGERIDO:
Luna llena.

ARTÍCULOS NECESARIOS:
- Cuenco con agua tibia, ubicado en el altar.
- Botella con tapa.

INGREDIENTES MÁGICOS:
- Ramitas de tomillo
- Ramitas de menta
- 3 cristales de citrino
- 3 cristales de sodalita
- 1 piedra de cuarzo cristal

HECHIZO

✦ Primero, rodea el cuenco con los cristales de citrino y sodalita, alternándolos. Rellena los huecos del círculo de cristales con una corona de ramitas de tomillo fortalecedoras y hojas de menta inspiradoras y llenas de verdad. Siente cómo las energías de las piedras y hierbas penetran en tu cuenco de agua caliente desde fuera hacia dentro. Piensa en lo eficaz que puede ser la energía mágica en el agua, aunque ninguna esté en contacto directo. También lo es el efecto de tu poder para ayudar a los demás.

✦ Cuando estés lista, sujeta la piedra de cuarzo cristal unos centímetros por encima del centro del cuenco de agua. Conjura:

«Piedra del equilibrio y la claridad,
amplifica mi voz y mi energía sin más.
Expande mis intenciones curativas por doquier.
Haré valer mi verdad sanadora, no me voy a esconder».

✦ Deja caer la piedra en el agua. Observa atentamente las salpicaduras y las ondas que se forman. Deja que te bañen las ondas de energía, fortaleciéndote, hasta que el agua se calme y el hechizo se selle.

✦ Embotella el agua y pon unas gotas al té, al café o al batido de la mañana para infundir a la garganta y al plexo solar el poder de la verdad. Con esta agua ondulante mágica, tu espíritu tendrá la fuerza necesaria para el trabajo de sanación que te espera.

PARTE TRES

Sana tu Comunidad

L a llamada a la acción de las brujas proviene de la naturaleza de sus poderes curativos. Somos un faro de luz y esperanza para los demás, y usamos nuestros poderes para lograr un cambio positivo. A medida que nos sanamos, comprendemos que nuestra vocación como brujas es también ayudar y curar a los demás. Además, sabemos que cuando otras personas sanan, también influyen positivamente en sus seres queridos y en sus comunidades. La reacción en cadena de la luz sanadora es muy poderosa. Los hechizos que verás a continuación sirven para dirigir tu luz sanadora interior hacia el exterior, para beneficio de todos.

6

SANA A TUS FAMILIARES Y AMIGOS

Comenzamos a dirigir nuestra magia hacia nuestros amigos y familiares con el fin de curar sus problemas mediante la magia simpática. La magia simpática es aquella que hacemos en nombre de seres queridos que estén tratando de sanar física, mental o espiritualmente. En los hechizos y rituales que siguen, encontrarás maneras de dirigir tus energías sanadoras para generar cambios positivos en la vida de las personas que te importan.

MONIGOTE SANADOR

PROPÓSITO DEL HECHIZO: este hechizo utiliza el poder de los monigotes (muñecos o pequeños objetos que representan a otra persona) para enviar vibraciones afectuosas y sanadoras a amigos y familiares aquejados por la enfermedad.

MOMENTO SUGERIDO:
Luna nueva.

ARTÍCULOS NECESARIOS:
- Encendedor.
- Monigote.
- Cuenco en el que quepa bien el monigote.

INGREDIENTES MÁGICOS:
- 1 cucharada o un manojo de salvia seca
- 1 taza de lavanda
- ¼ de cucharadita de pimienta negra
- Cristales de cuarzo rosa
- Cristales de sodalita
- Cristales de fluorita
- 3 gotas de aceite de árbol de té

HECHIZO

✦ Prende fuego a la salvia y deja que eche humo. Pasa el monigote por el humo para limpiarlo de cualquier energía no deseada que pueda interferir con el hechizo.

✦ Luego, unge el monigote con tres gotas de aceite de árbol de té, a la vez que dices el nombre de la persona a la que quieres curar.

✦ Mezcla la lavanda y la pimienta negra en el cuenco. Coloca el monigote con cuidado en el recipiente, y bésalo para sellarlo al cuenco de magia sanadora.

✦ Rodea el monigote con cristales de cuarzo rosa, sodalita y fluorita.

✦ Conserva el cuenco con el monigote en reposo en un lugar cómodo de tu casa. Puedes dejarlo en tu tocador, entre las plantas de casa, cerca de una ventana soleada o en la repisa de la chimenea.

✦ Cuida del monigote a diario, susurrándole mensajes sanadores y palabras de amor. Continúa haciendo esta magia sanadora todos los días hasta la noche de luna llena, cuando el hechizo se habrá completado.

SACO COSIDO CON CARIÑO

PROPÓSITO DEL HECHIZO: en este hechizo, se usa el poder de hierbas y cristales sanadores para ayudar a amigos y familiares a recuperarse de una operación.

MOMENTO SUGERIDO:
Cuando sea necesario.

ARTÍCULOS NECESARIOS:
- Bolsa pequeña de muselina o tela.
- Aguja e hilo.
- Bolígrafo de tinta negra.

INGREDIENTES MÁGICOS:
- 3 hojas de laurel enteras y secas
- 3 ramitas de tomillo
- 1 cristal de turmalina negra
- 1 cristal de aventurina verde

HECHIZO

✦ Con el bolígrafo de tinta negra, escribe el nombre de la persona que se recupera de la operación en cada una de las tres hojas de laurel. Coloca las hojas en la bolsa. Añade también el tomillo y los cristales.

✦ Pon las manos sobre el contenido de la bolsa y conjura:

«Tres hojas de laurel, tres hojas de tomillo,
dadme vuestra fuerza sanadora, os pido.
Por la piedra verde y la piedra negra,
dispersad su dolencia y devolvedla».

✦ Cose la bolsa con aguja e hilo, vertiendo sanación amorosa y vinculante en cada puntada. Entrega la bolsa a tu paciente para que reciba energía curativa o guárdala cerca de una foto de la persona que se está recuperando.

PENTAGRAMA DE CLAVOS DE OLOR

PROPÓSITO DEL HECHIZO: crea este pentagrama de clavos de olor en sal para combatir el momento difícil de un ser querido y dispersar las energías negativas.

MOMENTO SUGERIDO:
Luna nueva.

ARTÍCULOS NECESARIOS:
• Plato o cuenco poco profundo.
• 1 taza de sal.

INGREDIENTES MÁGICOS:
• 1 taza de clavos de olor enteros
• 1 cristal de aventurina verde

HECHIZO

✦ Esparce la sal uniformemente por el plato o cuenco. Puedes añadir más si hace falta por el tamaño del plato. Necesitas una base gruesa de sal, no una capa fina.

✦ Dibuja un pentagrama con los clavos de olor colocados encima de la sal. Crea el contorno del pentagrama poniendo un clavo a la vez, extremo con extremo. Observa lo tedioso, largo y frustrante que puede ser el proceso. Vierte esas emociones en tu creación, alejándolas de los seres queridos que también las están experimentando.

✦ Sella la creación colocando la aventurina verde, que atrae la abundancia, en el centro del pentagrama. Deja este pentagrama en el altar hasta la luna llena, cuando el hechizo para ayudar a tus seres queridos en un momento difícil se habrá completado.

AMARRE DE AMOR CON ROMERO

PROPÓSITO DEL HECHIZO: este ritual se realiza para que aquellos que están en una relación comprometida puedan superar momentos difíciles y sanar su amor recíproco.

MOMENTO SUGERIDO:
Empieza siete días antes de la noche de luna llena.

ARTÍCULOS NECESARIOS:
- Una fotografía de la pareja, doblada por la mitad de modo que sus caras se toquen.
- Hilo o cordel.

INGREDIENTES MÁGICOS:
- 7 ramitas de romero
- 7 gotas de aceite de cedro para devolver el amor o 7 gotas de aceite de ylang-ylang para devolver la pasión

HECHIZO

✦ Ata el cordel alrededor de la imagen, dejando un poco de holgura. Deja la imagen doblada en tu altar.

✦ Cada noche, unge una ramita de romero con una gota de aceite. Desliza la ramita de romero ungida por debajo del cordel, pero encima de la fotografía doblada.

✦ Conjura:

«Romero del amor fortalecido, romero de la fidelidad.
Romero de conexión verdadera, romero de longevidad.
Ungido en aceite para devolver a esta pareja el amor,
sana sus conflictos y trae cariño con fuerza y vigor».

✦ Repite el proceso cada noche hasta la luna llena, cuando la fotografía ya tenga encima siete ramitas de romero curativo del amor. La noche de luna llena, quema la fotografía. Esparce las cenizas de la foto y el romero en el exterior, bajo la luz de la luna, para sellar el hechizo y reconciliar el amor y la pasión de la pareja.

AGUA DE LA CALMA

PROPÓSITO DEL HECHIZO: utiliza este hechizo con un cuenco de agua para aliviar las ansiedades de tus seres queridos y devolver la calma a su mente.

MOMENTO SUGERIDO:
Luna menguante.

ARTÍCULOS NECESARIOS:
- Cuenco resistente al calor.
- Agua a punto de hervor.
- Athame.

INGREDIENTES MÁGICOS:
- 1 cucharadita de pimienta de Jamaica
- 1 cucharadita de clavos de olor en polvo
- ½ taza de anís estrellado

HECHIZO

✦ Pon todas las especias en el cuenco resistente al calor. Para cargarlas, dibuja una espiral con el athame, empezando por el centro y trazando los círculos hacia fuera para enviar la magia hacia tus seres queridos.

✦ Vierte el agua hirviendo sobre las especias y llena el cuenco.

✦ Mientras el vapor se eleva, conjura tres veces:

«Sube vapor de calma, sube ola de paz.
Se liberan vibraciones curativas y tranquilidad».

✦ Deja que el agua se enfríe mientras la energía del conjuro se envía a tus seres queridos. Desecha el agua en el exterior, para devolver a la tierra cualquier resto de energía sanadora.

CENA MUDA PARA EL DUELO

PROPÓSITO DEL HECHIZO: este ritual brinda un espacio para sentarnos con nuestro dolor después de la muerte de un ser querido, con el fin de sanar nuestro corazón herido y aliviar el peso de la pena.

MOMENTO SUGERIDO:
Una cena muda se lleva a cabo tradicionalmente en Samhain para honrar a nuestros seres queridos fallecidos, pero también puede realizarse en la primera luna llena después del fallecimiento.

ARTÍCULOS NECESARIOS:
- La comida favorita del difunto.
- Un lugar vacío en la mesa para la persona fallecida.

ARTÍCULOS (CONT.):
- Cuenco para un centro de mesa con hierbas y cristales.
- 2 velas.
- Encendedor.

INGREDIENTES MÁGICOS:
- Tallos de perejil fresco o seco
- 3 cabezas de ajo, sin pelar
- Cristales de cuarzo ahumado
- Cristales de turmalina negra
- Piedras de cuarzo cristal

HECHIZO

✦ Coloca el perejil en el centro del cuenco. Coloca las tres cabezas de ajo y los cristales alrededor y encima del perejil.

✦ Coloca una vela a cada lado de este centro de mesa, una para representar este mundo y otra para representar el mundo del más allá.

✦ Enciende las velas y conjura:

«En este mundo y en el más allá, en vínculo silencioso
esta noche vamos a cenar».

✦ Continúa en silencio absoluto, en reverencia al lugar vacío. Aprovecha este tiempo de silencio para pensar en privado en recuerdos entrañables de la persona fallecida. Puedes llorar o reír un poco. Deja que te guíe tu dolor.

✦ En silencio, sirve la comida que has preparado: a ti, a los demás (si has invitado a otras personas) y también al lugar vacío. Comed juntos en silencio. Al terminar, apaga las velas. Limpia la mesa por completo en silencio, dejando solo la «cena muda» de la persona fallecida, el centro de mesa mágico y las velas apagadas. Si lo deseas, cubre la cena con film plástico.

✦ Deja la cena en el exterior toda la noche. Por la mañana, deséchala y, junto con ella, desecha también el peso de tu pena. Sé consciente de que tu amor ha atravesado mundos y ha nutrido a tu ser querido. Esa persona, a su vez, te nutre a ti. Siempre.

CORAZÓN DE LA TIERRA

PROPÓSITO DEL HECHIZO: este hechizo ayuda a garantizar una vida larga al limpiar y curar el cuerpo de cualquier energía que impida la longevidad.

MOMENTO SUGERIDO:
Luna llena.

ARTÍCULOS NECESARIOS:
- 1 manzana entera.
- Athame.
- Cordel.

INGREDIENTES MÁGICOS:
- 3 ramitas de perejil
- ¼ de cucharadita de canela

HECHIZO

✦ Marca ligeramente las iniciales de la persona a la que va dirigido este hechizo en la cáscara de la manzana.

✦ Conjura:

> *«Por la fruta del otoño, proclamo*
> *la vida más larga para quien he nombrado.*
> *La canela trae buena suerte en el bienestar,*
> *el perejil aleja la energía y el sentimiento de negatividad».*

✦ Con el athame, corta la manzana por la mitad a lo ancho para revelar la estrella mágica de cinco puntas de su interior.

✦ Espolvorea canela sobre una mitad de la pulpa de la manzana.

✦ Ata las tres ramitas de perejil a la otra mitad de la manzana usando el cordel.

✦ Cómete la mitad de la manzana con la canela. También puedes ofrecérsela a la persona para la que lanzas el hechizo, si quiere participar. Incorporar la magia a nuestros sistemas corporales aporta una poderosa sanación.

✦ Entierra en el exterior la otra mitad de la manzana con el perejil. Esto devolverá a la tierra todas las malas energías que la persona pueda estar cargando para que se limpien y rejuvenezcan.

RELOJ DE SOL CON ENERGÍA DE CRISTALES

PROPÓSITO DEL HECHIZO: este ritual combatirá y curará los efectos letárgicos de la rutina diaria en tus amigos y familiares. Al aprovechar el poder del sol a través de esta rejilla de cristales, conservarás vibraciones alegres, dinámicas y apasionadas que inspirarán a tu ser querido durante todo el día.

MOMENTO SUGERIDO:
Cuando sea necesario.

ARTÍCULOS NECESARIOS:
- Lugar al aire libre seguro, a la luz del sol.
- Tabla para cortar o plato.

INGREDIENTES MÁGICOS:
- 4 piedras de cuarzo cristal
- 4 cristales de citrino
- 4 cristales de cornalina
- 4 gotas de aceite de eucalipto

HECHIZO

✦ Pon cuatro gotas de aceite de eucalipto en el centro de la tabla o el plato. Mientras echas cada gota, di el nombre de la persona a la que estás ayudando con este hechizo.

✦ Luego, coloca los cristales en círculo alrededor de las gotas de eucalipto, simulando la disposición de un reloj:

Coloca el cuarzo cristal en las posiciones de las 12, las 3, las 6 y las 9.

Coloca el citrino en las posiciones de la 1, las 4, las 7 y las 10.

Coloca la cornalina en las posiciones de las 2, las 5, las 8 y las 11.

✦ Deja la rejilla en el exterior, hasta la puesta del sol, para atraer la energía solar y dispersarla a fin de energizar a tu ser querido.

ESPEJITO, ESPEJITO, SALUD MENTAL

PROPÓSITO DEL HECHIZO: este hechizo da un impulso sanador de luz y amor a tus seres queridos o amigos que tienen problemas de salud mental.

MOMENTO SUGERIDO:
Después de la puesta del sol, cuando sea necesario.

ARTÍCULOS NECESARIOS:
- Espejo pequeño acostado en el altar.
- Vela.
- Cuenco pequeño.
- Encendedor.
- Bastoncillo de algodón.
- Cuenco pequeño con agua.

INGREDIENTES MÁGICOS:
- 4 ramitas de manzanilla
- Cristales de cuarzo rosa
- Cristales de jaspe
- Piedras de cuarzo cristal
- Mezcla de aceites esenciales:
  - 3 gotas de aceite de bergamota
  - 3 gotas de aceite de naranja

HECHIZO

✦ Coloca la vela en el centro del espejo.

✦ Mezcla los aceites en un cuenco pequeño con un bastoncillo de algodón. Dibuja un corazón en la vela con el bastoncillo aceitado para cargarla de vibraciones amorosas. Aplica más aceite en el bastoncillo y escribe en el espejo, justo debajo de la vela, las iniciales de la persona a la que estás sanando.

✦ En los bordes del espejo, coloca los cristales y la manzanilla para crear un muro de energía curativa.

✦ Apaga todas las luces artificiales de la habitación. Enciende la vela en el centro del espejo. Deja que la llama crezca, alta y fuerte, bajo tu atenta mirada. Cuando la llama empiece a derretir la vela, siente cómo se libera la energía del amor y la sanación. Observa la llama bailar en el espejo. Observa cómo esta energía curativa se ve ahora magnificada por el poder infinito del espejo.

✦ Dirige el resplandor curativo a la salud mental de tu objetivo conjurando:

«Magia de tierra y fuego unidas,
para atravesar la solitaria y oscura noche de la vida.
Llama, roca y hierba se combinan,
la curación mental se encamina.
Por el poder del aire espejado,
envío esta magia curativa a su lado».

✦ Deja que la vela arda durante el tiempo que consideres necesario para que se transfiera la energía curativa. Por lo general, son suficientes entre veinte minutos y una hora. Usa tu intuición para evaluar durante cuánto tiempo debería arder la vela.

✦ Cuando estés lista para terminar, conjura:

«Dejo este amor sanador en la mente de mi amigo,
ahora con el poder del agua, con su angustia termino».

✦ Apaga la vela directamente en el cuenco de agua sanadora para sellar el hechizo.

LA UNIÓN HACE LA FUERZA

PROPÓSITO DEL HECHIZO: este hechizo cura la discordia surgida entre amigos.

MOMENTO SUGERIDO:
Luna nueva.

ARTÍCULOS NECESARIOS:
- Un palo de 30 cm de la zona donde vives.
- Un cordel o cinta de 30 cm para representar a cada persona involucrada en la pelea.
- Athame.

ARTÍCULOS (CONT.):
- Vela.
- Encendedor.

INGREDIENTES MÁGICOS:
- Cristales de sodalita
- Cristales de fluorita
- Aceite de naranja (cantidad necesaria)

HECHIZO

✦ Con el athame, talla en el palo de madera las iniciales de todos los amigos involucrados en la discordia.

✦ Aplica una gota de aceite de naranja para sellar cada nombre en amistad.

✦ Ata cada cordel a la parte superior del palo, procurando que la mayor parte de cada cuerda quede colgando. Te quedará un nudo de varios cordeles en la parte superior del palo.

✦ Enciende la vela. Deja que la luz sanadora ilumine el palo durante unos instantes mientras la cera empieza a derretirse. Levanta la vela e inclínala para que la cera gotee y se derrita sobre los nudos en la parte superior del palo. Deja que la cera se endurezca.

✦ A continuación, trenza y retuerce todas las cuerdas alrededor del palo, entrelazando sus energías. Sella los extremos de los cordeles con cera de la vela para que queden adheridos al extremo del palo. Apaga la vela cuando hayas terminado.

✦ Coloca el palo cerca de una ventana, junto a unos cristales de sodalita y fluorita. Permite que la luna nueva bendiga los nuevos comienzos de amistades sanadas por tu palo mágico.

SÉ FIEL A
TU PROPIO SER

PROPÓSITO DEL HECHIZO: muchas veces, nuestros amigos y familiares tienen dificultades para que los acepten tal como son. Realiza este hechizo cuando un amigo o familiar necesite sanar de este tipo de presión y sentirse bien con su persona.

MOMENTO SUGERIDO:
Luna nueva.

ARTÍCULOS NECESARIOS:
- Plato redondo.
- Vela.
- Encendedor.

INGREDIENTES MÁGICOS:
- 1 taza de lavanda seca
- 7 ramitas de tomillo fresco
- 1 cristal de cuarzo claro
- 1 cristal de amatista
- 1 cristal de sodalita
- 1 cristal de aventurina verde
- 1 cristal de citrino
- 1 cristal de cornalina
- 1 cristal de jaspe

HECHIZO

✦ Coloca la vela en el centro del plato. Esparce la lavanda uniformemente por el plato, alrededor de la vela.

✦ Envuelve cada piedra en una ramita de tomillo para amplificar la fuerza de las propiedades de cada cristal. Forma un círculo alrededor de la vela disponiendo las siete piedras envueltas en tomillo sobre la base de lavanda.

✦ Cuando estés lista, enciende la vela y conjura:

«Las siete partes de [NOMBRE] hacen a su integridad,
desde la mente y el cuerpo, hasta el espíritu y el alma de verdad.

Cuarzo, te pido el poder de la aceptación.
Amatista, te pido el poder del conocimiento.
Sodalita, te pido el poder de la verdad.
Aventurina, te pido el poder del corazón.
Citrino, te pido el poder de la autoestima.
Cornalina, te pido el poder de la pasión.
Jaspe, te pido el poder del autoconcepto.

Las siete partes de [NOMBRE] hacen a su integridad,
desde la mente y el cuerpo, hasta el espíritu y el alma de verdad».

✦ Apaga la vela para enviar la energía del amor propio y la aceptación a su objetivo.

APROVECHAR UNA OPORTUNIDAD

PROPÓSITO DEL HECHIZO: ya se trate de una entrevista de trabajo, un examen importante, una primera cita o el comienzo de una nueva amistad, usa este hechizo de frasco para curar a tus amigos y familiares de la inseguridad que nos impide abrazar nuevas oportunidades.

MOMENTO SUGERIDO:
La noche anterior a la gran oportunidad.

ARTÍCULOS NECESARIOS:
- Un frasco mediano con el tercio inferior lleno de sal.
- Encendedor.
- Vela.
- 1 cucharada de sal de Epsom.

ARTÍCULOS (CONT.):
- Cuenco pequeño.

INGREDIENTES MÁGICOS:
- Piedras o esquirlas de citrino
- Mezcla de aceites esenciales:
  - 5 gotas de aceite de albahaca
  - 5 gotas de aceite de bergamota
  - 5 gotas de aceite de naranja

HECHIZO

✦ Mezcla bien los aceites y la sal de Epsom en un cuenco pequeño. Esparce la mezcla sobre la sal del frasco. Coloca la vela en el centro del frasco, metida en la sal.

✦ Coloca el citrino alrededor del borde interior del frasco.

✦ Cuando estés lista, enciende la vela y di tres veces en voz alta el nombre de la persona a la que vas a ayudar.

✦ Luego, conjura:

> *«Dentro de la sal de aceite, se enciende ahora esta llama,*
> *por la piedra del valor y la valentía amplificada.*
> *Enciéndete, toma el control, arde con fuerza, sé valiente.*
> *Mantente firme, enorgullécete, hazte ver, sé potente.*
> *Toda esta magia de ayuda*
> *y esta energía curativa,*
> *todo esto te envío,*
> *todo esto serás».*

✦ Repite el nombre de la persona tres veces. Deja que la vela arda hasta llegar a la sal para sellar el hechizo.

ADICCIÓN ATADA
Y CONGELADA

PROPÓSITO DEL HECHIZO: el camino para recuperarse de una adicción puede ser extremadamente difícil. Ayuda a tus amigos y familiares a sanar sus adicciones con este hechizo para atar sus impulsos.

MOMENTO SUGERIDO:
Luna llena.

ARTÍCULOS NECESARIOS:
- Cuenco apto para el congelador o táper con tapa.
- Pequeño trozo de corteza o madera.
- Athame.
- Cuenco pequeño.
- Pincel pequeño o pincel para maquillaje.

INGREDIENTES MÁGICOS:
- ½ taza de lavanda
- ½ taza de tomillo
- Cristales de cornalina
- Mezcla de aceites esenciales:
  - 7 gotas de aceite de incienso
  - 7 gotas de aceite de cedro
  - 3 gotas de aceite de menta

HECHIZO

✦ Con el athame, graba en la madera las iniciales de la persona adicta.

✦ Mezcla los aceites en el cuenco con un pincel pequeño o un pincel para maquillaje. Usa el pincel para cubrir la madera con los aceites esenciales.

✦ Mientras pintas, conjura:

> *«Adicción, desaparece; impulso, sé libre;*
> *aceites, iluminad la senda para que el cuerpo se equilibre.*
> *Mientras esta magia se impregna en la madera,*
> *la adicción para siempre desaparecerá entera».*

✦ Pon la madera aceitada bajo la luz de la luna llena para que se cargue, rodeada de cornalina.

✦ Por la mañana, entra la madera a tu casa. Colócala en el cuenco o táper apto para el congelador, junto con la lavanda y el tomillo. Llena el táper con agua y tápalo. Métclo en el congelador hasta la luna nueva para sellar el hechizo y atar la adicción.

EL PASADO, PISADO; EL FUTURO, LIBERADO

PROPÓSITO DEL HECHIZO: quedarnos estancados en el pasado nos impide abrazar nuestro verdadero destino. Sana los recuerdos de tus seres queridos para animarlos a seguir adelante con confianza.

MOMENTO SUGERIDO:
Luna menguante, luna nueva.

ARTÍCULOS NECESARIOS:
- Papel.
- Bolígrafo con tinta negra.
- Cuenco resistente al calor.
- Toalla de mano.
- Encendedor largo.

INGREDIENTES MÁGICOS:
- ¼ de taza de flores de lavanda
- 1 hoja de laurel
- Una pizca de pimienta de cayena

HECHIZO

✦ En un lado del papel, escribe todas las cosas que se te ocurran que impiden a esta persona seguir adelante con su vida. Por el otro lado, escribe el nombre o las iniciales de la persona. Dibuja un pentagrama de protección sobre el nombre.

✦ Llena el cuenco con agua hirviendo y flores de lavanda. Echa el papel en el agua hirviendo y observa cómo se disuelve la tinta. Deja que el agua se enfríe mientras las flores absorben toda la negatividad de las palabras del papel.

✦ Saca el papel del agua y déjalo secar toda la noche sobre una toalla. Desecha el agua y las flores de lavanda en el exterior o échalas por el retrete para deshacerte de las energías negativas que se han transferido.

✦ A la mañana siguiente, vuelve a colocar el papel ya seco en el cuenco vacío resistente al calor. Echa la hoja de laurel y la pimienta de cayena. Quema los tres ingredientes juntos con un encendedor largo hasta que queden reducidos a cenizas. Desecha las cenizas en el exterior o échalas por el retrete para eliminar por completo lo que impide avanzar a tu ser querido.

EL LIBRO DEL AMOR

PROPÓSITO DEL HECHIZO: este hechizo sirve para infundir una energía constante de amor y sanación a quienes más te importan. Al escribir sus nombres en un lugar bendito, aprovechas el poder duradero de la palabra escrita. Al dejar las hierbas frescas secándose en las páginas, estás infundiendo una magia herbal eterna de amor y sanación.

MOMENTO SUGERIDO:

Luna llena.

ARTÍCULOS NECESARIOS:

- Cuaderno en blanco o tu libro de las sombras.
- Bolígrafo de tinta roja.
- Bastoncillo de algodón.

INGREDIENTES MÁGICOS:

- Ramita de romero fresco
- Aceite esencial de albahaca

HECHIZO

✦ A la luz de la luna llena, con tinta roja, escribe en tu libro el nombre de cada persona que consideres merecedora de tu amor incondicional y sanación.

✦ Echa una o dos gotas de aceite de albahaca al bastoncillo de algodón. Aplica muy ligeramente este aceite de amor y sanación sobre cada nombre para sellarlos.

✦ Mientras aplicas el aceite, conjura:

«Sello mi amor por ti con el poder de la palabra escrita.
El poder del aceite de albahaca hace realidad la voluntad
curativa».

✦ Por último, presiona la ramita de romero fresco contra esta página de amor para protegerla. Cierra bien el libro con el romero dentro y ponle más libros encima para que hagan presión sobre la hierba, el aceite y los nombres contenidos entre las páginas.

✦ Abre el libro en esta página siempre que una persona escrita en ella esté sufriendo y necesite energía amorosa y sanadora.

7

SANA GRUPOS

C ada bruja forma parte de varios grupos distintos a lo largo de su vida. Puede que pertenezcamos a un aquelarre, pero la mayoría también vamos a trabajar, disfrutamos de pasatiempos y realizamos actos de servicio. Las brujas somos miembros de comunidades en línea y redes sociales digitales. Somos miembros de vecindarios y naciones. Además, como sanadoras, reconocemos nuestro papel en la protección de los grupos marginados, por lo que hablamos con la verdad a los grupos poderosos y lideramos la lucha por la justicia social para todos los grupos de personas. No importa la identidad de los grupos de los que formemos parte: todos contienen cantidades gigantescas de energía que nos afectan a nosotras, a otros miembros del grupo y quizás al mundo en general. En los hechizos que siguen, aprenderás a aprovechar la energía grupal mediante el poder de la brujería para generar cambios positivos y sanadores en los grupos de tu vida y en sus comunidades.

SIGILO PARA PROTECCIÓN GRUPAL

PROPÓSITO DEL HECHIZO: los sigilos son símbolos poderosos, creados por la bruja, para mantener un flujo constante de magia e intención, incluso cuando nuestra atención está puesta en otra cosa. Crea un sigilo basado en el nombre de tu grupo para usarlo como protección grupal y defensa sanadora.

MOMENTO SUGERIDO:
Luna nueva.

ARTÍCULOS NECESARIOS:
- Papel.
- Bolígrafo de tinta negra.

INGREDIENTES MÁGICOS:
- Ramita de perejil
- 1 cristal de citrino
- 1 cristal de cornalina

HECHIZO

✦ Escribe el nombre del grupo en el papel. Elimina todas las vocales y vuelve a escribir el nombre solo con las consonantes. Observa cómo las consonantes forman curvas y ángulos interesantes unas con otras.

✦ Ponte de pie, con el papel en el altar y un cristal en cada mano. Inhala y exhala despacio mientras te concentras en las consonantes.

Invoca la energía del citrino y la cornalina para que suba por tus brazos e infunda fuerza y creatividad a tu cerebro y al corazón. Siente cómo los dedos y las palmas de las manos se calientan con la energía.

✦ Cuando empieces a sentir que la energía creativa fluye con firmeza, coloca los cristales sobre el papel. Ahora vuelve a tomar el bolígrafo; es hora de usar el poder de la creatividad para dar vida a un símbolo protector o sigilo. No hay una forma incorrecta de hacerlo, así que deja a un lado las inseguridades. Confía en la energía de los cristales para que te guíe.

✦ Reordena las consonantes a medida que las reescribes, enlazándolas para formar un símbolo. Tal vez las dispongas de forma circular para fomentar la protección holística. O tal vez las dibujes en forma de línea o flecha para fomentar la protección intencionada. Déjate guiar por tu bruja interior y por las necesidades de tu grupo.

✦ Cuando hayas creado el sigilo que te parezca adecuado (¡no tengas miedo de hacer varios borradores!), toma otra hoja de papel y escribe en ella la versión final. Sella el poder protector del sigilo pasando la ramita de perejil como si fuera un pincel sobre las líneas que acabas de dibujar.

✦ Usa este sigilo en documentos, materiales y paredes del grupo o en tu libro de las sombras para brindar protección constante al grupo y sanar la energía negativa entrante.

FRASCO LLENO DE ARMONÍA

PROPÓSITO DEL HECHIZO: esta poción de frasco sanará la discordia general en el grupo y fomentará vibraciones de armonía.

MOMENTO SUGERIDO:
Luna creciente.

ARTÍCULOS NECESARIOS:
• Frasco de vidrio con tapa.

INGREDIENTES MÁGICOS:
• 1 taza de manzanilla seca
• 1 cucharadita de nuez moscada
• 1 cristal de sodalita
• 1 piedra de cuarzo cristal
• 6 gotas de aceite de árbol de té

HECHIZO

✦ Coloca la manzanilla seca de forma circular, cubriendo el borde inferior interno del frasco hasta formar un círculo completo. Centra tu intención en el equilibrio y la armonía.

✦ Espolvorea la nuez moscada dentro del frasco, centrándote en la conexión y la comprensión.

✦ Echa tres gotas de aceite de árbol de té dentro del frasco, en el lado derecho. Haz lo mismo en el lado izquierdo, concentrándote en el equilibrio y la limpieza de la energía negativa.

✦ Para terminar el talismán, coloca la sodalita y el cuarzo cristal en el centro del frasco. Tapa el frasco para sellar la energía de todos los elementos. Déjalo junto a una ventana para que se cargue mágicamente durante la noche de luna llena.

✦ Coloca el frasco cargado mágicamente en tu altar, escritorio o en una zona común del grupo para que emane vibraciones de armonía sanadora. Quita la tapa si hace falta un impulso extra. Renueva el frasco cada mes cuando lo necesites.

ENERGÍA DE TRES

PROPÓSITO DEL HECHIZO: este hechizo invoca la magia de las velas para curar la baja energía con una transferencia de energía vigorizante. Usa este hechizo para sanar grupos que sufran de fatiga mental y física.

MOMENTO SUGERIDO:
Luna creciente, luna llena.

ARTÍCULOS NECESARIOS:
- 3 velas.
- 1 plato.
- Encendedor.

INGREDIENTES MÁGICOS:
- ½ taza de romero seco
- ½ taza de menta seca
- Aceite de eucalipto (en cantidad necesaria)

HECHIZO

✦ Unge cada vela con unas gotas de aceite de eucalipto para obtener un impulso de energía vigorizante.

✦ Mezcla el romero y la menta, y cubre el plato con ellos de manera uniforme. Pasa cada vela aceitada por la mezcla para llenarla de fuerza y renovación.

✦ Coloca las velas en el altar y conjura mientras las enciendes:

«Mientras una vela muy brillante resplandece,
que el rejuvenecimiento fluya y empiece.

Mientras dos velas brillan juntas con fuerza,
que la energía se eleve y la baja vibración desaparezca.
Mientras tres velas brillan en armonía,
que la fuerza permanezca, que así sea, cada día».

✦ Deja que las velas ardan durante, al menos, tres minutos mientras meditas sobre la energía creciente. Cuando estés lista, apágalas. Guarda las velas en posición vertical en un lugar fresco y seco, y sácalas para encenderlas cuando tu grupo necesite energía. Renueva el aceite y las hierbas cuando lo necesites.

TALISMÁN PARA AVANZAR CON AMOR

PROPÓSITO DEL HECHIZO: este talismán ayudará al grupo a alcanzar la fuerza del amor cuando los miembros interactúen entre ellos. Ayudará a sanar las debilidades del ego que hacen que los integrantes entren en conflicto.

MOMENTO SUGERIDO:
Luna llena.

ARTÍCULOS NECESARIOS:
- Cordel o cinta para colgar.
- Dos trozos de cinta de 30 cm.

INGREDIENTES MÁGICOS:
- 7 ramitas de romero fresco
- 1 piedra de cuarzo cristal pequeña

HECHIZO

✦ Coloca las ramitas de romero sobre el altar.

✦ Arma un manojo, sumando una a la vez mientras conjuras:

«Ramita de uno y el conflicto concluyo.
Ramita de dos para decirle adiós.
Ramita de tres para calmar los mares.
Ramita de cuatro para el amor elevado.
Ramita de cinco y la sanación afinco.

Ramita de seis y ningún conflicto dejé.
Ramita de siete, el pasado ya no se mete».

✦ Ata las ramitas con las dos cintas, enroscándolas bien alrededor de la base del manojo para sellar el hechizo.

✦ Introduce la piedra pequeña de cuarzo cristal entre la cinta y el romero para amplificar el poder del talismán.

✦ Cuelga el atado en un lugar visible, como encima de una puerta o en una ventana, para recordar el poder del talismán.

LA UNIÓN DE DOS BANDOS

PROPÓSITO DEL HECHIZO: este hechizo tiene el propósito de unir puntos de vista opuestos y sanar la indiferencia y la tensión que reina entre dos bandos.

MOMENTO SUGERIDO:
Luna nueva, luna creciente.

ARTÍCULOS NECESARIOS:
- 2 cuencos pequeños llenos de sal.
- Vela.
- Encendedor.
- Cuenco mediano.
- Frasco con tapa.

INGREDIENTES MÁGICOS:
- 1 hoja de laurel
- 1 cucharada de cúrcuma en polvo
- 1 cucharada de pimienta de cayena en polvo

HECHIZO

✦ Coloca los dos cuencos de sal a ambos lados de la vela. Cada cuenco representa un bando en el conflicto.

✦ Pon la cúrcuma en polvo sobre la sal del cuenco de la derecha y la cayena sobre la sal del cuenco de la izquierda. Fíjate en lo mucho que se parecen las dos especias a pesar de ser muy diferentes.

✦ Coloca el dedo en el centro de la cúrcuma con sal y traza una espiral hacia fuera en el sentido de las agujas del reloj. Haz lo mismo con la mezcla de cayena y sal, pero esta vez traza una espiral con el dedo en sentido contrario a las agujas del reloj.

✦ Enciende la vela y conjura:

«Ahora dos bandos, en apariencia distintos pero muy semejantes,
se unirán por la llama de esta luz destellante».

✦ Combina el contenido de los dos cuencos pequeños en el cuenco mediano. Con el dedo, traza un pentagrama en la mezcla para unir los dos bandos.

✦ Enciende la hoja de laurel con la llama de la vela y déjala arder sobre el cuenco para sellar tu intención curativa. Cuando la llama de la hoja de laurel esté a punto de llegar a tus dedos, echa lo que queda de la hoja ardiente en la mezcla de sal. Termina de quemar la hoja de laurel con el encendedor.

✦ Coloca la mezcla en un frasco y ciérralo bien con una tapa. Guárdalo en un lugar armonioso, como por ejemplo entre plantas de interior, cerca de una chimenea cálida o junto a una ventana agradable, hasta la luna llena. A la mañana siguiente de la luna llena, desecha el contenido del frasco en un cesto fuera de tu casa para completar la sanación mágica de la discordia entre los dos bandos opuestos.

DISIPAR Y DERROTAR A LA INJUSTICIA

PROPÓSITO DEL HECHIZO: este hechizo protege a los que deben lidiar con injusticias y ayuda a sanar a los grupos afectados.

MOMENTO SUGERIDO:
Luna llena.

ARTÍCULOS NECESARIOS:
- Caldero.
- Agua hirviendo.
- Papel.
- Bolígrafo de tinta negra.

INGREDIENTES MÁGICOS:
- 2 cucharadas de salvia en polvo
- 1 cristal de turmalina negra
- 1 piedra de cuarzo cristal

HECHIZO

✦ Escribe en el papel las injusticias con las que está lidiando el grupo.

✦ Coloca la lista en el caldero vacío y apoya encima la turmalina fortalecedora, que absorbe el dolor, y el cuarzo cristal amplificador. Espolvorea la salvia sobre el papel con intención de limpieza.

✦ Cuando estés lista, vierte el agua hirviendo en el caldero, sobre el papel. Observa cómo se dispersa la tinta al contacto con el agua sanadora. Siente cómo los cristales absorben la energía negativa liberada del papel. Huele la salvia, que limpia, calma y cura. A medida que el agua penetra, también se adentra la energía sanadora. A medida que el agua se enfría, también se debilita el poder de la injusticia.

✦ Cuando el agua se haya enfriado del todo, recoge los cristales del caldero para limpiarlos. Echa el resto del contenido del caldero por el retrete para alejar la injusticia del grupo y enviarla adonde pertenece.

LOS CINCO SENTIDOS
DE LA TOLERANCIA

PROPÓSITO DEL HECHIZO: suele ocurrir que los grupos están formados por muchos tipos diferentes de personas, algunas con experiencias de vida y orígenes completamente distintos a los nuestros. Este ritual sana toda intolerancia persistente que podamos tener dentro y pone nuestro cuerpo en sintonía con la compasión por la otredad.

MOMENTO SUGERIDO:
Cuando sea necesario.

ARTÍCULOS NECESARIOS:
- Cuenco pequeño.
- Bastoncillo de algodón.
- 15 ml de aceite de jojoba.

INGREDIENTES MÁGICOS:
- 7 gotas de aceite de árbol de té o de lavanda, el aroma que prefieras

HECHIZO

✦ Mezcla bien los aceites en un cuenco pequeño con un bastoncillo de algodón. Si hace falta, añade más aceite a lo largo de este ritual.

✦ Conjura:

«No soy más que una persona, del todo una parte.
La tolerancia y la compasión son mi meta más grande».

✦ Aplícate con cuidado el aceite entre los ojos y en la frente y di:

> *«Abre mis ojos para que pueda ver el valor en la otredad.*
> *Con este aceite destierro la indiferencia y la frialdad».*

✦ Aplica con cuidado el aceite en el lóbulo de cada oreja y di:

> *«Abre mis oídos para que pueda escuchar la verdad de los demás.*
> *Con este aceite nos apoyamos mutuamente sin más».*

✦ Aplícate con cuidado aceite encima del labio superior, entre la nariz y la boca. Úsalo con mucha moderación si eres sensible a los olores. Recita:

> *«Abre mi nariz para poder olfatear la intolerancia.*
> *Con este aceite doy la bienvenida a la extravagancia».*

✦ Aplícate con cuidado el aceite en el mentón y di:

> *«Abre mi boca para hablar con compasión de lo diferente.*
> *Por este aceite mi bondad resuena ruidosamente».*

✦ Aplícate con cuidado el aceite en cada muñeca y di:

> *«Abre mis manos para ofrecer cariño y bondad.*
> *Por este aceite sello la tolerancia de verdad».*

✦ Deja que el aroma tranquilizador derribe las barreras energéticas y rejuvenezca tu compromiso con la tolerancia.

LAVADO DE MANOS SOLIDARIAS

PROPÓSITO DEL HECHIZO: este hechizo anima al grupo a ayudarse y a apoyarse mutuamente y sana las actitudes solitarias que pueden obstaculizar la productividad y la creatividad.

MOMENTO SUGERIDO:

Cuando sea necesario.

ARTÍCULOS NECESARIOS:

- Un cuenco en el que quepan cómodamente las dos manos.
- Agua tibia.

INGREDIENTES MÁGICOS:

- ½ taza de hojas de albahaca fresca
- Cristales de aventurina verde
- Cristales de cuarzo ahumado
- Unas gotas de aceite de naranja

HECHIZO

✦ Coloca los cristales en el centro del cuenco.

✦ Vierte el agua sobre los cristales y déjala cargarse durante un minuto. Echa la albahaca y el aceite de naranja al cuenco de agua con la intención de que las relaciones sean alegres y de apoyo mutuo.

✦ Sumerge ambas manos en el cuenco. Lávalas con el agua para limpiar la energía inútil. Pasa los dedos por el agua y dile lo calmante que es. Recoge un poco ahuecando las manos y déjala caer mientras le dices lo solidaria que es. Salpica un poco. Juguetea con el agua, trátala con alegría. Esta agua tiene que ver con la conexión y la positividad. Medita sobre los integrantes de tu grupo y piensa en cómo podéis serviros los unos a los otros.

✦ Disfruta del agua hasta que se enfríe. Retira las manos y deséchala. Continúa tu trabajo con las manos frescas y actitud solidaria, consciente de que a través de la magia simpática el lavado de manos también está ayudando a tu grupo.

MOSTRAR EL CAMINO

PROPÓSITO DEL HECHIZO: este hechizo fortalece a los líderes de un grupo, sanando las dudas y apaciguando el ego con un corazón comprensivo. Usa la magia de las velas para iluminar el camino de los líderes de un grupo.

MOMENTO SUGERIDO:
Luna llena.

ARTÍCULOS NECESARIOS:
- 3 velas.
- Encendedor.
- Caldero.

INGREDIENTES MÁGICOS:
- Ramita de tomillo seco
- Ramita de lavanda seca
- Ramita de romero seco
- 1 cristal de aventurina verde
- 1 cristal de amatista
- 1 cristal de citrino

HECHIZO

✦ Coloca las tres velas en el altar, una al lado de la otra.

✦ Coloca la aventurina delante de una vela para representar un corazón compasivo.

✦ Coloca la amatista delante de la segunda vela para representar la sabiduría perdurable.

✦ Coloca el citrino delante de la tercera vela para representar la acción consciente.

✦ Enciende las tres velas y di:

> *«Por el poder de tres y tres otra vez,*
> *envío sanación al liderazgo. El comienzo es».*

✦ Quema el tomillo con la llama de la primera vela y di:

> *«Hojas de tomillo, quemad los egos que se interpongan en el*
> *camino, os ruego».*

Echa el tomillo en el caldero cuando la llama esté a punto de llegar a tus dedos.

✦ Quema la ramita de lavanda con la llama de la segunda vela y di:

> *«Tallo de lavanda, que ardes con fuerza,*
> *da a la sabiduría luz eterna».*

Echa la lavanda en el caldero cuando la llama esté a punto de llegar a tus dedos.

✦ Quema la ramita de romero con la llama de la tercera vela y di:

> *«Rama de romero con fuego encendida,*
> *que la acción consciente guíe el día».*

Echa el romero en el caldero cuando la llama esté a punto de llegar a tus dedos.

✦ Una vez que el contenido herbal del caldero deje de arder, apaga las velas para sellar el hechizo. Esparce las cenizas en el exterior, para unir la magia a la tierra y darle fuerza.

HECHIZO DE CRECIMIENTO DE LUNA NUEVA

PROPÓSITO DEL HECHIZO: a veces parece que no podemos avanzar o crecer en nuestro trabajo. En este hechizo, se usa la magia de la luna nueva para eliminar las decepciones del ciclo lunar anterior. También cura el resentimiento que pueda haberse generado para que los grupos consigan avanzar con una sólida mentalidad de crecimiento.

MOMENTO SUGERIDO:
Luna nueva.

INGREDIENTES MÁGICOS:
- Cristales de amatista
- Cristales de fluorita

ARTÍCULOS NECESARIOS:
- 4 velas.
- Encendedor.
- Athame.

HECHIZO

✦ Talla los símbolos de los elementos en las velas. Marca un símbolo en cada vela.

✦ Coloca la vela de tierra al norte del altar, la vela de aire al este, la vela de fuego al sur y la vela de agua al oeste.

✦ Coloca la amatista y la fluorita en el centro del cruce de las cuatro velas.

✦ Enciende las cuatro velas y conjura:

«Por el norte, el este, el sur y el oeste,
ilumino esta noche oscura y sin luna fuerte.
Por el este, el sur, el oeste y el norte,
una nueva energía se absorbe.
Por el sur, el oeste, el norte y el este,
que el último ciclo lunar comience.
Por el oeste, el norte, el este y el sur,
se anuncia un crecimiento positivo de luz».

✦ Medita sobre la limpieza de toda la energía vieja. Permite que la nueva energía orientada al crecimiento llene el espacio que dejaron el fracaso y el resentimiento desterrados.

REMEDIO PARA MUCHO TRABAJO Y POCA DIVERSIÓN

PROPÓSITO DEL HECHIZO: muchas veces, un grupo trabaja tan arduamente para alcanzar sus metas que se olvida de celebrar los logros. Usa este hechizo para sanar la monotonía del día a día y fomentar un estallido de creatividad y diversión.

MOMENTO SUGERIDO:
Luna llena.

ARTÍCULOS NECESARIOS:
- Tus canciones preferidas para bailar.
- Difusor de aceites esenciales.
- Burbujas.
- Velas.

INGREDIENTES MÁGICOS:
- Cristales de cornalina
- Cristales de cuarzo rosa
- Cristales de turmalina
- Mezcla de aceites esenciales:
  - 8 gotas de aceite de ylang-ylang
  - 6 gotas de aceite de bergamota
  - 4 gotas de aceite de naranja

HECHIZO

✦ Pon la música y enciende el difusor de aceites esenciales con la mezcla dentro.

✦ Coloca velas y cristales por todo el espacio que hayas elegido. Vas a llenar la noche de luz y cosas bonitas para levantarte el ánimo. Baila mientras preparas un lugar encantador para disfrutar.

◆ Cuando estés lista, saca las burbujas. Sopla una burbuja por cada miembro de tu grupo. Mientras las ves flotar, exclama el nombre de cada persona con alegría. Sigue bailando y disfrutando de la energía de tu espacio durante el tiempo que necesites hasta sentir que la alegría y la creatividad ahuyentan el desánimo. Tu nueva actitud contagiará al grupo la próxima vez que lo veas.

AGUA MÁGICA PARA UNA HUERTA COMUNITARIA

PROPÓSITO DEL HECHIZO: este hechizo cura cualquier interferencia energética que impida el crecimiento de una huerta comunitaria sana y promueve la cooperación entre los miembros.

MOMENTO SUGERIDO:
Luna creciente, luna llena.

ARTÍCULOS NECESARIOS:
• Frasco grande con tapa.
• Agua fresca de varias fuentes.

INGREDIENTES MÁGICOS:
• ½ taza de romero
• ½ taza de albahaca
• Cristales de aventurina
• Cristales de cuarzo rosa

HECHIZO

✦ Durante el período de luna creciente, ponte como objetivo recoger agua de tres fuentes distintas de tu comunidad. Puedes tomar agua del fregadero o de la manguera del jardín de alguna vecina con la que te lleves bien. Tal vez haya un lago o encuentres un arroyo o un río cerca de tu casa. Otra forma de recoger agua de tu zona es colocar un recipiente para recolectar agua de lluvia en distintos lugares.

✦ Mezcla todos los tipos de agua en el frasco grande a medida que los vayas recolectando.

✦ Cuando hayas recolectado toda el agua, incorpora los cristales y las hierbas.

✦ Pon el agua a cargar todas las noches durante la luna llena. Revuelve el contenido para que fluya y se active a diario. Una vez que haya pasado la luna llena, lleva el agua a tu jardín comunitario y riega con ella las plantas para promover el crecimiento, la sanación y el servicio comunitario.

✦ Deja los cristales en el jardín, cerca de las plantas que necesiten un impulso sanador.

HOJAS DE ÁRBOLES PARA LA COMUNIDAD

PROPÓSITO DEL HECHIZO: nuestras comunidades vecinales son tan diversas como la población de árboles. Utiliza el poder de los árboles sanadores para crear una poción que una a la comunidad local y disipe las sensaciones de aislamiento y soledad.

MOMENTO SUGERIDO:
Luna menguante, luna nueva.

ARTÍCULOS NECESARIOS:
- Bandeja grande para hornear.
- Frasco de vidrio con tapa.
- Hojas de árboles de la zona.
- Mortero con mano.

INGREDIENTES MÁGICOS:
- Piedras de cuarzo cristal
- Cristales de cuarzo rosa
- Cristales de jaspe

HECHIZO

✦ Recoge entre una y dos tazas de hojas de distintos tipos, recolectadas al aire libre cerca de tu casa. Espárcelas en una bandeja grande de modo que no se superpongan. Coloca piedras de cuarzo cristal y cuarzo rosa encima de las hojas o entre ellas para cargarlas de energía sanadora amorosa y comunitaria mientras se secan. Déjalas secar en un lugar soleado, bajo techo, durante aproximadamente una semana.

+ Una vez secas las hojas, machácalas todas juntas en el mortero hasta que solo queden pequeñas escamas.

+ Mientras mueles, conjura:

> *«Árboles de abundancia, hojas de amor,*
> *enviadnos bendiciones desde lo alto, por favor.*
> *Fortaleced este vecindario y esta comunidad.*
> *Conectadnos a todos con amorosa energía de bienestar».*

+ Echa las hojas molidas en el frasco. Colócales encima cristales de jaspe para anclar la poción a la comunidad. Llévate el frasco contigo de paseo por el vecindario para que la magia sanadora llegue a todas partes.

LA CADENA
DE SERVICIO MÁGICA

PROPÓSITO DEL HECHIZO: este talismán creará cohesión entre el grupo y la comunidad a la que sirve, sanando cualquier bloqueo que exista a la hora de trabajar en conjunto por el bien común.

MOMENTO SUGERIDO:
Luna llena.

ARTÍCULOS NECESARIOS:
- Cuenco pequeño.
- Cuatro trozos de cartulina de 21 x 27 cm.
- Tijeras.

ARTÍCULOS (CONT.):
- Rotuladores de colores.
- Cinta adhesiva.
- Bastoncillo de algodón.
- ½ onza de aceite de jojoba.

INGREDIENTES MÁGICOS:
- 4 gotas de aceite de cedro

HECHIZO

✦ Mezcla el aceite de cedro y el de jojoba en un cuenco pequeño con un bastoncillo de algodón. Para cargar la mezcla, traza en ella un pentagrama con el bastoncillo.

✦ Corta cada trozo de papel en cuatro tiras a lo largo. Las tiras deben medir aproximadamente 5 x 27 cm.

✦ Ahora tienes dieciséis trozos de papel. Cuatro es un número de cohesión estructural, y utilizaremos el poder de este número elevado al cuadrado para crear una cadena mágica de dieciséis piezas. En cada tira de papel, escribe un proyecto, una campaña, una faceta, un programa o una herramienta diferente de la organización y cómo debe ayudar a la comunidad.

✦ Cuando termines de escribir, moja el bastoncillo de algodón en la mezcla de aceite. Pásalo ligeramente sobre cada uno de los dieciséis mensajes para sellar la intención.

✦ Crea una cadena de papel con las tiras. Mientras armas la cadena, recita:

> «*Cuatro por cuatro, los cimientos creamos.*
> *Cuatro por cuatro, conexión añadimos.*
> *Cuatro por cuatro, brindamos ayuda.*
> *Cuatro por cuatro, la comunidad es una*».

✦ Cuelga la cadena para que irradie energía sanadora de servicio a la comunidad.

HECHIZO GRUPAL PARA LA SANACIÓN, EL CRECIMIENTO Y LA PLENITUD

PROPÓSITO DEL HECHIZO: este es un hechizo grupal que puedes realizar con amigos, familiares, un aquelarre o una organización para conectar al grupo con una oración de sanación.

MOMENTO SUGERIDO:
Luna llena.

ARTÍCULOS NECESARIOS:
- Difusor de aceites esenciales.
- 1 vela para cada participante.
- Encendedor.

ARTÍCULOS (CONT.):
- Tarjeta de oración con el conjuro escrito para aquellos que no conozcan la oración.

INGREDIENTES MÁGICOS:
- Mezcla de aceites esenciales:
  - 8 gotas de aceite de ylang-ylang
  - 8 gotas de aceite de bergamota

HECHIZO

✦ Enciende el difusor con la mezcla de aceites.

✦ Cada participante debe sentarse en el suelo con las piernas cruzadas, formando un círculo. Entrega a cada uno una vela, que podrán apoyar en el suelo delante de sus pies, apuntando hacia dentro. Los participantes deben sentarse juntos y apoyar las manos sobre la rodilla de las personas que tienen a su izquierda y a la derecha. El brazo derecho debe quedar por encima; el izquierdo, por debajo.

✦ La persona a cargo dirige un breve ejercicio de respiración para sincronizar la energía del lugar y dice:

«Inhalo sanación, aguanto, exhalo dolor.
Inhalo amor, aguanto, exhalo rencor.
Inhalo lo positivo, aguanto, exhalo lo negativo.
Inhalo confianza en mí, aguanto, exhalo la duda que sentí».

✦ La persona a cargo quita las manos de la rodilla de sus vecinos e indica a todos los demás que pueden hacer lo mismo. A continuación, levanta su vela y la enciende. Se vuelve hacia la persona de su izquierda y enciende su vela con la llama de la primera vela. Luego, esta persona enciende la vela de quien está a su izquierda con la llama recién encendida de la propia. Los integrantes del círculo deben continuar encendiendo las llamas, vela con vela, hasta que todas estén encendidas.

LÍDER: *«Pedimos energía sanadora».*
GRUPO: *«Límpianos. Cúranos. Restáuranos».*
LÍDER: *«Pedimos fuerza y crecimiento».*
GRUPO: *«Equilíbranos. Fortalécenos. Aliméntanos».*
LÍDER: *«Pedimos compasión y un corazón abierto».*
GRUPO: *«Ámanos. Conéctanos. Haznos crecer».*
TODOS: apagan las velas.
LÍDER: *«Vamos a vivir la energía que hemos creado*
aquí en conjunto».
GRUPO: *«Que así sea».*

PARTE CUATRO

Sana tu mundo

Las brujas extraemos energía de nuestro entorno y nos vemos muy afectadas por aquellas en las que nos sumergimos. Tenemos hogares en los que nos refugiamos. Tenemos un planeta del que debemos encargarnos. Cuidamos de estos lugares como un acto de cuidado hacia nuestra persona y hacia las demás con las que convivimos. La naturaleza empática y comprensiva de la brujería se desarrolla mejor en espacios con energías sanadoras claras, positivas y orientadas al crecimiento. Al sanar las energías en nuestros hogares, espacios al aire libre y el planeta en su conjunto, nuestra base de poder se fortalece y profundiza exponencialmente a través de nuestras familias, comunidades y la humanidad entera. A continuación, encontrarás hechizos y rituales que te muestran cómo sanar tu hogar y el planeta, y lograr una energía curativa duradera para el bien mayor más importante, es decir, un mundo lleno de sanadores curados que cambian el curso de la energía para sanar a nuestra Madre Tierra para siempre.

8

SANA TU HOGAR

El hogar de una bruja es su santuario y base de poder. Extraemos energía de los entornos que nos creamos, y esa energía debe coincidir con nuestras intenciones sanadoras. Los hechizos y rituales que verás a continuación curan tu hogar de influencias negativas y lo protegen de posibles malas infiltraciones. El objetivo de estos procesos mágicos es conjurar un ambiente pacífico y sanador en el que puedas confiar para llevar a cabo tu trabajo sanador mágico.

LAVADO DE LAVANDA PARA UNA PUERTA ACOGEDORA

PROPÓSITO DEL HECHIZO: este hechizo cura tu hogar de las vibraciones poco acogedoras y promueve un aura de alegría que saluda a los visitantes.

MOMENTO SUGERIDO:
Luna nueva.

ARTÍCULOS NECESARIOS:
- Cuenco grande de agua caliente.
- Paño.

INGREDIENTES MÁGICOS:
- 5 ramitas de lavanda fresca o una taza de lavanda seca
- 3 gotas de aceite esencial de lavanda

HECHIZO

✦ Tradicionalmente, la puerta de una bruja se pinta de morado. Aprovecha el poder de tu entrada de bruja lavándola con lavanda morada, la hierba de la calidez y la bienvenida.

✦ Incorpora todos los ingredientes al agua caliente.

✦ Déjalos reposar en el agua para crear una infusión mágica mientras conjuras:

«Lavanda morada, cálida y verdadera,
crea vibraciones acogedoras nuevas».

✦ Moja el paño en el agua y limpia toda la puerta de entrada con el agua mágica de bienvenida. Sé consciente de que estás ahuyentando las vibraciones poco acogedoras que pueda haber y sanando tu puerta como un portal hacia un santuario. Cuando termines, vierte el agua y las hierbas sobrantes en la entrada de tu casa o esconde las hierbas bajo el felpudo de la puerta para conservar una energía de bienvenida duradera.

CAMPANAS MÁGICAS
PARA LA PUERTA

PROPÓSITO DEL HECHIZO: crea un talismán de campanas mágico para colgar en el pomo de la puerta de tu casa. Las campanas sonarán cada vez que alguien entre o salga, momento en el cual se limpiará su energía. Con esto, curarás tu casa de la energía negativa entrante y liberarás la energía de los invitados cuando se vayan de tu hogar.

MOMENTO SUGERIDO:
Luna llena.

ARTÍCULOS NECESARIOS:
- 3 cintas decorativas.
- 3 campanas.

INGREDIENTES MÁGICOS:
- Aceite de naranja
- Aceite de incienso
- Aceite de cedro

HECHIZO

✦ Coloca las tres cintas en el altar. Una representa la amistad y la buena voluntad. La segunda representa la limpieza y la purificación. La tercera representa el centramiento y la calma. Átalas todas juntas por un extremo, dejando los otros extremos libres. Aplica una gota de cada aceite en el nudo.

✦ Luego, ata una campana al extremo libre de cada cinta. Toma la cinta de la amistad y aplica aceite de naranja en el nudo de la campana. Toma la cinta de la limpieza y aplica aceite de incienso en el nudo. En la última cinta, la del centramiento, aplica aceite de cedro en el nudo.

✦ Enrolla la parte superior de las cintas en la manija interna de la puerta de entrada y anúdalas con firmeza. Ahora tu puerta estará siempre libre de energía negativa y fomentará la amistad, el buen humor y un centramiento sólido para todos los que entren en tu casa.

MAGIA DEL HOGAR
CON AGUA CLARA

PROPÓSITO DEL HECHIZO: en este hechizo con magia del hogar se hierve una mezcla en la cocina para purificar el aire de tu casa y curar energías negativas persistentes. La poción resultante se cuela para quitar todos los materiales y darle de nuevo un aspecto de agua normal, aunque en realidad es un lavado protector secreto. De ahí su nombre: «Agua clara».

MOMENTO SUGERIDO:

- Luna menguante, luna nueva.

ARTÍCULOS NECESARIOS:

- hornillo.
- Cacerola mediana con tapa.
- 3 tazas de agua.
- Cuchara grande para revolver.
- Colador de pasta.
- Frasco grande o jarra de leche de plástico vacía y bien enjuagada.

ARTÍCULOS (CONT.):

- Paño o trapo.
- Una pizca de sal.
- 1 limón entero.

INGREDIENTES MÁGICOS:

- 1 taza de hojas de salvia fresca
- 3 ramitas de romero fresco
- 1 cucharada de jengibre rallado

HECHIZO

✦ Corta el limón a lo ancho en ocho rodajas para obtener la energía de las ocho fases de la Luna.

✦ Vierte las tres tazas de agua en la cacerola y añade la salvia, el romero, el limón, el jengibre y una pizca de sal.

✦ Lleva los ingredientes a hervor, a fuego medio-alto. Con la cuchara, revuelve la poción de vez en cuando mientras se calienta.

✦ Una vez que el agua esté en pleno hervor, baja el fuego a mínimo y cubre parcialmente la olla con la tapa.

✦ Deja que la olla hierva a fuego lento durante unas horas y, si se necesita más energía, sube la temperatura un poco. También puedes quitar la tapa para que el olor de la poción sea más intenso. El aroma purificará tu hogar a través de la magia de aire del vapor.

✦ Cuando termines de hervir la mezcla a fuego lento, déjala enfriar. Cuélala y viértela en la botella vacía. Usa las hierbas y la fruta para hacer compost o deséchalas. Guarda el agua clara protegida de la luz del sol.

✦ Remoja un paño en el agua y úsalo para limpiar ventanas, umbrales de puertas u objetos como cristales que requieran purificación y protección. También puedes aplicarte esta agua todos los días en la frente como protección o puedes añadírsela a un baño de purificación. El agua clara limpia las energías negativas y eleva el nivel de protección, todo ello con el aspecto de un inofensivo frasco de agua corriente.

TRES NOCHES PARA ORDENAR UNA CASA

PROPÓSITO DEL HECHIZO: este hechizo ayudará a curar el hogar del desorden, que en muchos casos es una señal de apego y cuya energía abrumadora bloquea la capacidad de hacer hechizos productivos.

MOMENTO SUGERIDO:
Luna nueva.

ARTÍCULOS NECESARIOS:
- Difusor de aceites esenciales.
- Dos cajas grandes.
- Rotulador.
- Vela.
- Encendedor.

INGREDIENTES MÁGICOS:
- Cristales de citrino
- Cristales de turmalina negra
- Mezcla de aceites esenciales:
  - 5 gotas de aceite de eucalipto
  - 5 gotas de aceite de menta
  - 5 gotas de aceite de naranja

HECHIZO

✦ El período de luna nueva dura tres noches. Para no agobiarte, selecciona tres zonas de la casa para ordenar durante ese tiempo. Quizá quieras ordenar una biblioteca, el armario de la ropa y toda la cocina. Céntrate en los espacios que marcarán una diferencia significativa en tu sensación diaria de calma y concentración.

✦ Empieza la primera noche de luna nueva. Coloca el difusor de aceites esenciales con la mezcla en el lugar en el que vayas a trabajar y enciéndelo. Enciende también una vela cerca, pero que no te estorbe para trabajar. Rodea la vela con cristales de citrino y turmalina. Entre la energía limpiadora de la luna nueva, la mezcla de aceites y el pequeño altar de velas y cristales, estarás bien armada con energía productiva para soltar las cosas.

✦ Saca las dos cajas grandes. En una de ellas, dibuja una gran espiral en el sentido contrario a las agujas del reloj. Esta caja será para las cosas que vas a tirar, reciclar, compostar o donar. En la otra, dibuja una espiral en el sentido de las agujas del reloj. Esta será para las cosas que quieras conservar y para las que necesites encontrar un lugar donde guardarlas.

✦ Pon música que te levante el ánimo y esfuérzate al máximo durante una hora. Repite el proceso cada noche de luna nueva. Te asombrará lo mucho que puedes hacer en tres horas para renovar un espacio. Disfruta de la libertad y la energía que los espacios despejados te aportarán a ti y a tus procesos mágicos.

TALISMÁN DE PENTAGRAMA PROTECTOR

PROPÓSITO DEL HECHIZO: en este hechizo se usan los cinco lados del pentagrama para emanar energía protectora en todas las partes de tu hogar y curar esos espacios de energías negativas cuando sea necesario.

MOMENTO SUGERIDO:
Luna llena.

ARTÍCULOS NECESARIOS:
- 5 ramitas de igual longitud y anchura, recolectadas en el exterior.
- Cordel o cinta.
- Tijeras.

INGREDIENTES MÁGICOS:
- 1 cristal de aventurina verde
- 1 cristal de jaspe
- 1 cristal de cornalina
- 1 cristal de sodalita
- 1 cristal de amatista
- Aceite de cedro (cantidad necesaria)
- Aceite de incienso (cantidad necesaria)

HECHIZO

✦ En la noche de luna llena, unge cada una de las ramitas con una pequeña cantidad de aceite de cedro e incienso.

- ✦ Coloca una rama en el jardín, en el porche, en los escalones de la entrada o en otro lugar de tu casa que esté al aire libre y protegido, junto con el cristal de aventurina verde.

- ✦ Coloca la segunda rama en la encimera principal de la cocina, junto con el jaspe.

- ✦ Coloca la tercera rama en la repisa de la chimenea o en la sala de estar, junto con la cornalina.

- ✦ Coloca la cuarta rama en el baño que uses más seguido, junto con la sodalita.

- ✦ Coloca la quinta rama debajo de tu cama, junto con la amatista.

- ✦ Deja reposar todas las ramas en su lugar durante la noche: absorberán la energía de la luna llena, la energía del ambiente que presiden y la energía de los cristales y aceites.

- ✦ Por la mañana, forma un pentagrama con todas las ramas y átalas con cordel o cinta. Con esto se sellarán todas las energías de tu hogar. Cuelga el pentagrama de protección y sanación que acabas de crear sobre la puerta de entrada de tu casa.

RENOVACIÓN MÁGICA DEL ESPACIO DE TRABAJO

PROPÓSITO DEL HECHIZO: adorna tu escritorio o espacio de trabajo con la magia sanadora del tomillo, los cristales y la aromaterapia para atraer fuerza y concentración a tu trabajo.

MOMENTO SUGERIDO:
Luna nueva.

ARTÍCULOS NECESARIOS:
- Difusor de aceites esenciales.
- Ventana soleada.

INGREDIENTES MÁGICOS:
- Planta de tomillo en maceta
- Cristales de citrino
- Cristales de aventurina verde
- Cristales de cornalina
- Mezcla de aceites esenciales:
  - 8 gotas de aceite de menta
  - 8 gotas de aceite de incienso

HECHIZO

✦ Coloca la planta de tomillo en un lugar soleado donde pueda crecer bien y donde puedas trabajar.

✦ Coloca la mezcla de aceites esenciales en el difusor y enciéndelo durante intervalos de quince minutos mientras trabajas.

✦ En tu espacio de trabajo, intercala citrino para la fuerza de voluntad, aventurina para el trabajo que fluye del corazón y cornalina para la creatividad y la pasión.

✦ Sujeta los cristales, enciende el difusor y disfruta de la fuerza de la planta de tomillo cuando te sientas con poca energía, atención o concentración.

BRUJERÍA DEL HOGAR CON SAL

PROPÓSITO DEL HECHIZO: estos talismanes de cuencos de sal son la manera perfecta de adoptar una actitud proactiva ante la potencial energía negativa. Debes colocarlos en los distintos espacios de tu hogar para recoger la energía negativa a medida que esta aparezca. Son ayudantes sanadores, siempre listos para actuar.

MOMENTO SUGERIDO:
Crear cada luna nueva, desechar mensualmente y renovar.

ARTÍCULOS NECESARIOS:
- Varios cuencos pequeños o vasos, tantos como ambientes haya en tu casa.
- Al menos medio kilo de sal.

INGREDIENTES MÁGICOS:
- Clavos de olor enteros
- Piedras de cuarzo cristal
- Cristales de turmalina negra
- Cristales de fluorita
- Aceite de árbol de té o aceite de incienso para cada cuenco o taza, el aroma que prefieras

HECHIZO

✦ Coloca una capa de sal en los cuencos o vasos, de al menos 2,5 cm de profundidad.

- ✦ Añade en el centro un cristal que absorba energía, como cuarzo cristal, turmalina o fluorita.

- ✦ Echa una pequeña cantidad de clavos de olor encima de la sal.

- ✦ Añade unas gotas de aceite para sellar la mezcla.

- ✦ Coloca tus creaciones en zonas discretas pero muy transitadas de tu casa, en cada ambiente si es posible, para sanar de forma proactiva la energía negativa entrante.

REFLEJOS RECONFORTANTES

PROPÓSITO DEL HECHIZO: este hechizo emanará vibraciones reconfortantes por toda tu casa en los días en que te sientas al límite o no te sientas bien. Deja que los poderes sanadores de la luz y el aroma calmen y reconforten tu espacio para calmar tu espíritu.

MOMENTO SUGERIDO:
Cuando sea necesario.

ARTÍCULOS NECESARIOS:
- Cuenco pequeño.
- Bastoncillo de algodón.
- 15 ml de aceite de jojoba.
- 1 espejo grande.
- 5 velas.

ARTÍCULOS (CONT.):
- Caldero con una capa de sal.
- Encendedor.
- Una bandeja grande (sirven una tabla de cortar grande, una tabla de quesos o una bandeja para hornear).

INGREDIENTES MÁGICOS:
- 5 hojas de laurel secas
- 5 gotas de aceite esencial de lavanda

HECHIZO

✦ Con el bastoncillo de algodón, mezcla el aceite de jojoba y el aceite de lavanda en el cuenco. Usa el bastoncillo aceitado para dibujar un pentagrama grande en la bandeja con la mezcla de aceite de lavanda. Deja que cada línea del pentagrama represente un área de malestar que quieras aliviar con este hechizo. Ubica la **bandeja** frente a un espejo grande.

✦ Coloca las velas en la bandeja, frente al espejo. Cada una debe cubrir una punta de la estrella dibujada con el aceite.

✦ Enciende las velas y conjura:

«Con una vela y luego dos,
invoco este hechizo para que se refleje con el corazón.
Con la vela tres y luego cuatro,
que la casa se llene de consuelo de arriba abajo.
Esta última vela encendida de cinco,
me calma el espíritu y deja el ambiente limpio».

✦ Una a una, quema las hojas de laurel en las llamas. Procura echar la hoja en el caldero cuando la llama esté cerca de tus dedos o usa unas pinzas para no quemarte. Mientras quemas cada hoja de laurel, di en voz alta qué espacio desagradable de tu vida tienes la intención de liberar. Concentra tu intención en soltar la perturbación. Respira hondo el aroma reconfortante de la hoja de laurel quemada.

✦ Una vez que hayas terminado de quemar todas las hojas de laurel, concéntrate en las velas que brillan en el espejo. Deja que su luz tranquilizadora te inunde y llene de energía sanadora y reconfortante los espacios que acabas de liberar.

GUIRNALDA DE ALEGRÍA

PROPÓSITO DEL HECHIZO: este talismán, popular en Yule por traer buen ánimo, es una forma maravillosa de llevar la energía de la alegría y la camaradería a tu hogar durante todo el año. Ayuda a curar la tristeza, la depresión y la preocupación, creando una guirnalda de felicidad para colgar en la ventana de la cocina.

MOMENTO SUGERIDO:
Luna creciente, luna llena.

ARTÍCULOS NECESARIOS:
- 1 o 2 naranjas, dependiendo de su tamaño.
- Un cordel de 15 a 20 cm más largo que el ancho de la ventana de la cocina.
- Cinta adicional para atar ramitas de romero y canela.

ARTÍCULOS (CONT.):
- Palillo de dientes o pincho de brocheta.
- Rejillas para enfriar galletas.
- Tachuelas.

INGREDIENTES MÁGICOS:
- ½ taza de anís estrellado entero
- 3 ramitas de romero
- 3 ramas de canela

HECHIZO

SECA LAS RODAJAS DE NARANJA

✦ Antes de armar la guirnalda, primero debes secar las naranjas. El calor del horno conservará las propiedades mágicas llenas de alegría de la fruta durante mucho más tiempo que una naranja fresca.

✦ Precalienta el horno a 120 °C.

✦ Corta la naranja en rodajas de medio a un centímetro de grosor. Haz un agujero en el centro de cada rodaja con un palillo de dientes o pincho de brocheta. Coloca las rodajas en rejillas para enfriar galletas (no en una bandeja de horno) para evitar que se peguen. Hornea a 120 °C durante dos o tres horas, dándoles la vuelta cada treinta minutos para que queden igualadas. Si tienes un horno de convección, puede que se hagan más rápido, así que vigílalas cuando empiecen a dorarse. Sácalas del horno cuando estén listas y déjalas enfriar por completo.

ARMA LA GUIRNALDA

✦ ¡Es hora de abrazar la creatividad! Reúne los materiales para montar la guirnalda. Si quieres, puedes añadir ingredientes propios, como piñas o cristales.

✦ Enhebra los materiales con el cordel, alternándolos a tu gusto. Empieza con una rodaja de naranja seca. Luego, añade uno o varios anises estrellados enteros. Pon todas las rodajas de naranja y los anises estrellados, alternándolos. Cuelga la guirnalda de un extremo a otro de la ventana de la cocina y fíjala a la pared con chinchetas.

✦ Para terminar tu creación, ata las ramitas de romero y las ramas de canela pendiendo de la guirnalda.

✦ Disfruta de los increíbles aromas y la alegre energía mientras se disipa la tristeza y se sanan las preocupaciones. Desecha la guirnalda al cabo de unas semanas y vuelve a crear otra si lo deseas.

SAL NEGRA PARA LAS MALAS VIBRACIONES

PROPÓSITO DEL HECHIZO: este hechizo crea sal negra, que es una sal de ritual usada para curar la energía negativa y proteger el hogar de entidades negativas.

MOMENTO SUGERIDO:
Luna llena.

ARTÍCULOS NECESARIOS:
- ½ taza de sal (preferiblemente sal marina blanca).
- Mortero con mano.
- Frasco.

INGREDIENTES MÁGICOS:
- 1 cucharada de pimienta
- 2 cucharadas de cenizas de otros procesos mágicos

HECHIZO

✦ Puedes recoger las cenizas de los restos de un fuego que hayas encendido en tu chimenea, de una hoguera o que hayan quedado después de quemar hierbas rituales. No uses cenizas que contengan cera de velas para mantener la pureza de la mezcla.

✦ Combina los ingredientes en el mortero y machácalos hasta que esté todo bien mezclado, al menos, cinco minutos.

✦ Mientras machacas, conjura:

«Conviértete ya, sal, te lo ordeno.
Con pimienta, con ceniza, tu propiedad a pleno.
Vuélvete un escudo poderoso, firme y fuerte.
Ahora poseo tu voluntad, la sal negra aparece».

✦ Guarda la sal ritual en el frasco. Espolvorea un poco de sal negra cada luna llena en las entradas de tu casa. También puedes espolvorear un poco en el suelo después de una discusión fuerte o una enfermedad en casa para absorber la energía negativa. Aspírala al cabo de unos treinta minutos y desecha el contenido de la aspiradora en un cesto fuera de tu casa.

PENTAGRAMA DE JARDÍN SANADOR

PROPÓSITO DEL HECHIZO: aprovecha el poder sanador de cinco plantas potentes mediante la creación de un pentagrama de energía sanadora de los elementos en tu jardín.

MOMENTO SUGERIDO:
Plantar en primavera durante la luna nueva cuando ya no haya riesgo de heladas.

ARTÍCULOS NECESARIOS:
- Pala de jardinería.
- Adoquines de jardín (opcional).

INGREDIENTES MÁGICOS:
- Planta de tomillo
- Planta de romero
- Planta de albahaca
- Planta de salvia
- Planta de orégano
- 5 cristales de aventurina verde

HECHIZO

✦ Crea un oasis de pentagrama mágico en tu jardín. Para ello, planta estas cinco hierbas en lugares estratégicos. Te recomiendo usar plantas de, al menos, 15 a 20 cm de altura.

✦ Primero, traza un pentagrama en el jardín dibujando las líneas con la pala de jardinería. Cava agujeros para las plantas en cada punta de la estrella. Conviene que las plantas estén separadas entre sí unos 60 o 90 cm.

✦ Planta el tomillo en la punta superior de la estrella para simbolizar tu espíritu brujo que necesita sanarse y recobrar fuerzas de vez en cuando.

✦ Planta el romero en la punta de la estrella en la posición de las tres en punto. El romero es conocido como «el rocío del mar» e invoca vibraciones acuáticas sanadoras.

✦ Planta la albahaca, una hierba con correspondencia con el fuego, en la posición de las cinco en punto para invocar las propiedades sanadoras del fuego.

✦ Planta la salvia, una hierba con correspondencia con la tierra, en la posición de las siete en punto para invocar las propiedades sanadoras de la tierra.

✦ Planta el orégano, una hierba con correspondencia con el aire, en la posición de las nueve en punto para invocar las propiedades sanadoras del aire.

✦ Coloca piedras de aventurina verde en la base de cada hierba recién plantada para bendecirla y animarla.

✦ Coloca adoquines de jardín para delinear los lados de la estrella si quieres un efecto de pentagrama más pronunciado.

✦ Medita con frecuencia en medio de tu pentagrama sanador de energía vegetal para regenerarte, renovarte y sanarte.

SANTUARIO DE PAZ

PROPÓSITO DEL HECHIZO: no siempre es posible mantener un ambiente por completo pacífico y sanador en tu hogar, sobre todo si vivimos con otras personas. Ya se trate de niños pequeños o adolescentes revolucionados, mascotas que ladran o integrantes de la familia que quizás tengan un mal día, tu yo brujo necesita una fuente de escape sanador. Usa este ritual para crear un santuario que puedas visitar cuando la energía de tu hogar sea caótica.

MOMENTO SUGERIDO:
Cuando sea necesario.

ARTÍCULOS NECESARIOS:
• Difusor de aceites esenciales.

INGREDIENTES MÁGICOS:
• 5 ramitas de romero o lavanda
• 1 cristal de cuarzo rosa
• 1 cristal de fluorita
• 1 cristal de amatista
• Aceite esencial de lavanda

HECHIZO

✦ Elige un espacio pequeño y apartado para tu santuario. Quizás te resulten adecuados el dormitorio o el baño. Otras personas se sienten más cómodas junto a una biblioteca o en un patio al aire libre. Yo incluso he usado un armario grande de ropa blanca para este fin. Encuentra el lugar que te resulte más conveniente.

✦ Pon unas gotas de aceite de lavanda en el difusor y enciéndelo.

✦ Coloca los tres cristales frente a ti en el espacio que has elegido. Si lo deseas, invoca la sabiduría de la Doncella, la Madre y la Anciana para que te ayuden a calmarte. Pide al cuarzo rosa el optimismo de la Doncella, a la fluorita la sanación absorbente de la Madre y a la amatista la sabiduría de la Anciana.

✦ Respira profunda y lentamente mientras meditas para atraer la calma y la paz hacia ti. Date el regalo de soltar tus preocupaciones y las voces que resuenan en tu cabeza. Solo por ahora.

✦ Con las cinco ramitas de hierbas, forma un pentagrama delante de ti. A medida que pongas cada ramita, siéntete más conectada con la paz. Siente cómo crece la paz a medida que completas el pentagrama. Admira tu creación mientras vuelves a inhalar profundamente el aroma del aceite de lavanda. Cuando estés lista, lleva esta energía de vuelta al trabajo y a las relaciones de tu día a día.

TALISMÁN DE ESCALERA DE BRUJA

PROPÓSITO DEL HECHIZO: este hechizo ayuda a emanar las energías positivas que elijas por todo tu hogar. Muchas veces nos sentimos abrumadas por no tener una dirección definida o claridad en nuestra vida. Construir una escalera de bruja para colgar en tu casa ayuda a curar esa falta de dirección y genera la energía de la vida que quieres vivir, absorber y practicar.

MOMENTO SUGERIDO:
Luna llena.

ARTÍCULOS NECESARIOS:
- 1 metro de cinta o cordel para la estructura de la escalera.
- Pequeños trozos adicionales de cinta o cordel para sujetar los peldaños colgantes.

INGREDIENTES MÁGICOS:
- Ramita de romero
- Piedras de cuarzo cristal
- Otros 10 elementos pequeños de tu elección

HECHIZO

✦ El poder de este hechizo proviene de tu intencionalidad para tu propia vida y de tu magia de nudos. Por ello, comenzarás el hechizo eligiendo diez elementos que tengas a mano y que reflejen el tipo de energía que deseas atraer a tu hogar y a tu vida. Puedes elegir cualquier elemento. Solo tienen que ser objetos que te inspiren y motiven, y que sean pequeños para poder atarlos a la cinta de tu escalera de bruja. Estos son algunos ejemplos posibles:

- Caracolas marinas para aprovechar las profundidades de la sabiduría oceánica y femenina.
- Una ramita de menta, una moneda o un billete para atraer el dinero a tu vida.
- Una piedra de tu jardín para fomentar el anclaje.
- Un cristal que se relacione con lo que buscas, como el cuarzo rosa para el amor o el citrino para la confianza.
- Una pluma para que tu voz y tus opiniones sean escuchadas.
- Una campana para eliminar el estancamiento.
- Un bolígrafo, un pincel, una aguja de crochet, etc., para estimular tu vena artística.
- Un naipe o una carta del tarot, como la Reina de Corazones o de Copas, que le hable al amor.
- Un collar o un dije de un ser querido para sanar inconvenientes en tu relación con esa persona.

✦ ¡Las posibilidades son infinitas! Lo principal es que los objetos te importen.

CREA TU ESCALERA

✦ Extiende el metro de cordel de forma horizontal a lo largo de tu espacio de trabajo. Esta es la base o estructura de tu escalera de bruja.

✦ Primero, ata la ramita de romero y el cuarzo cristal (las piedras planas son mejores) al centro de la estructura de la escalera de bruja. Esta es la base del poder mágico de la escalera. Continúa atando los diez objetos restantes a ambos lados de la base, cinco a cada lado, y que queden colgando de la estructura. Distribúyelos como te dicte la intuición.

✦ Una vez terminada, cuelga la escalera como una guirnalda a lo largo de una ventana soleada o déjala colgando de forma recta si quieres que sea más discreta. En cualquier caso, debes ser consciente de que estos objetos están sanando obstáculos específicos con los que estás lidiando en tu vida, y que están enviándote energía positiva por toda tu casa para ayudarte a vivir con confianza y poder avanzar.

INFUNDIR AMOR SANADOR A LA COCINA

PROPÓSITO DEL HECHIZO: somos brujas ocupadas y muchas veces terminamos cocinando apresuradamente, sin tiempo para poner infusiones mágicas intencionales de amor y sanación en nuestra comida. Crea este talismán y cuélgalo en tu cocina para emanar constantemente vibraciones sanadoras en lo que cocines y siempre infundir amor a la hora de la comida.

MOMENTO SUGERIDO:
Luna llena.

ARTÍCULOS NECESARIOS:
- Bolsa de muselina o cuadrado de tela.
- Cordel o cinta.

INGREDIENTES MÁGICOS:
- 3 hojas de albahaca fresca
- 3 ramitas de menta
- 1 hoja de laurel
- 1 cucharada de pimienta de Jamaica
- Cristales de cuarzo rosa
- Aceite de cedro (cantidad necesaria)

HECHIZO

✦ Introduce las hierbas y las especias en la bolsa. Pon el cuarzo rosa encima.

✦ Ata la bolsa con tres nudos. Mientras la atas, conjura:

«Talismán de energía llena de amor,
a todo lo que preparo dale tu favor.
En tiempos de ajetreo y días de caos total,
haz comidas de amor hoy y siempre, por igual».

✦ Sella el talismán asperjando unas gotas de aceite sobre los nudos. Cárgalo bajo la luna llena. Cuélgalo en la cocina, cerca del espacio en el que preparas las comidas, para que brinde un flujo constante de amor nutritivo y sanador a tus preparaciones. Renuévalo cada luna llena o cuando sea necesario.

ESPERANZAS Y SUEÑOS RENOVADOS

PROPÓSITO DEL HECHIZO: este hechizo, que puede realizarse en grupo, sirve para liberar el pesimismo de tu familia, que podría perturbar el flujo de energía del hogar. Mediante el fuego energizante y la hoja de laurel, que concede deseos, se renovarán tus esperanzas y sueños.

MOMENTO SUGERIDO:
Luna nueva.

ARTÍCULOS NECESARIOS:
- Caldero con 2,5 cm de sal.
- Encendedor largo.

INGREDIENTES MÁGICOS:
- 1 hoja de laurel por cada esperanza o sueño importante que tengáis tú y tu familia

HECHIZO

✦ Coloca el cuenco de sal en el centro de la mesa familiar. Reúne a todos alrededor de la mesa, ocupando todos los lados.

✦ Haz que cada miembro clave su hoja de laurel en la sal de modo que se mantenga recta. Un extremo debe quedar anclado en la sal y el otro debe quedar erguido. A medida que cada integrante coloca su hoja de laurel, debe expresar su intención. Por ejemplo, uno puede decir: «Espero recibir buenas noticias sobre mis solicitudes para ir a la universidad» o «Deseo liberarme de mi ansiedad». Luego, el grupo repite la intención con una voz unánime de apoyo. Por ejemplo: «Fiona desea recibir buenas noticias sobre sus solicitudes para ir a la universidad».

✦ Una vez que se hayan colocado con intención todas las hojas, cada persona, una a la vez, debe quemar su hoja con el encendedor largo. Hay que tener cuidado y mantener el encendedor sobre la hoja hasta que se haya quemado por completo, al llegar a la sal. Al terminar, habrá quedado bastante olor a humo en la casa, así que abre una ventana e inhala la bondad de la magia. El humo marcará una liberación sanadora de tus problemas y devolverá un sentido de esperanza y fe a tus sueños y metas.

9

SANA EL PLANETA

L as brujas veneran la naturaleza y se conectan con ella, por eso es esencial centrar la energía sanadora en nuestra Madre Tierra. Estamos encargadas de los ecosistemas del mundo, por lo que debemos proteger la vida animal y vegetal, así como responder a los desastres naturales de la Tierra. Como escribió Thomas Moore: «La Tierra no es una plataforma para la vida humana. Es un ser vivo. No estamos en ella, sino que formamos parte de ella. Su salud es nuestra salud». Los hechizos y rituales que siguen abordan el trabajo de sanación que estamos llamadas a hacer en nombre de la Tierra y, en última instancia, de nuestra propia sustentabilidad como seres humanos.

REGRESO AL ABRAZO DE LA MADRE TIERRA

PROPÓSITO DEL HECHIZO: ¿ha pasado demasiado tiempo desde que te conectaste con nuestro planeta? Este ritual al aire libre te limpiará de todo bloqueo energético y reunirá tu energía con la Madre Tierra.

MOMENTO SUGERIDO:
Noche lluviosa.

ARTÍCULOS NECESARIOS:
• Frasco (sirve un frasco de pepinillos vacío).
• Cordel.

INGREDIENTES MÁGICOS:
• 1 tallo de tomillo
• 1 tallo de romero
• 1 tallo de perejil
• 1 piedra de cuarzo cristal

HECHIZO

✦ Coloca el frasco vacío en el exterior, con la piedra de cuarzo cristal en el centro. Deja el frasco en el exterior hasta la mañana siguiente, durante una noche lluviosa, para que recoja el agua de lluvia de la Madre Tierra.

✦ Al día siguiente, cuando haya dejado de llover y brille el sol, pre- párate para el ritual armando un atado con los tres tallos de hier- bas. Haz tres nudos para asegurar el cordel en la base de los

tallos. Ve a buscar el frasco de agua de lluvia cargada mágicamente.

✦ Dirígete a un lugar al aire libre con el frasco y el atado de hierbas.
Tal vez ya te hayas buscado un espacio sagrado al aire libre. Tal vez
puedas encontrar un lugar que te inspire. Camina descalza por el
lugar. Siente la tierra fangosa entre los dedos de los pies. Observa
cómo se te adhiere el fango, abrazándote y acogiéndote. Ánclate y
céntrate en la presencia de la Madre Tierra. Respira el aire profundamente. Aprecia el paisaje. Siente gratitud.

✦ Ahora, toma el atado de hierbas, sumerge las puntas en el agua de
lluvia y conjura:

«En gratitud y admiración por los dones de la Madre Naturaleza,
elevo al cielo este atado de hierbas de terrenal nobleza».

✦ Alza el atado hacia el sol con el brazo extendido. Siente el calor del
sol que envía rayos de amor al atado y a tu persona. Siente cómo las
gotas del agua de lluvia caen del atado y bendicen tu rostro.

✦ Vuelve a sumergir el atado en el agua de lluvia. Ahora bájalo y as-
pérjalo en las cuatro direcciones mientras dices:

«Norte, sur, este y oeste,
de la Tierra hija soy.
Norte, sur, este y oeste,
de la Tierra amante soy.
Norte, sur, este y oeste,
de la Tierra protectora soy.
Así soy y así será, desde ahora hasta la eternidad».

✦ Para sellar el ritual y tu intención amorosa, entierra la piedra de
cuarzo cristal en el lugar sagrado. Vierte el agua de lluvia sobrante
encima del cuarzo enterrado para compactar la tierra y nutrir la

energía del cristal. Sujeta el atado de hierbas a una rama o un arbusto y déjalo como regalo a la Madre Tierra. Ahora estás curada de toda desconexión con la Madre Tierra.

CURAR LA APATÍA HUMANA

PROPÓSITO DEL HECHIZO: en este conjuro ritual, se usa el poder del fuego y el cuchillo para encender una llamada a la acción en todos los ciudadanos de la Tierra. Este hechizo sirve para curar la apatía que muchos sienten por la salud de nuestro planeta e incentiva a la humanidad a hacerse cargo de él y protegerlo.

MOMENTO SUGERIDO:

Luna llena.

ARTÍCULOS NECESARIOS:

- 8 velas.
- Encendedor.
- Athame.

INGREDIENTES MÁGICOS:

- Cristales de citrino
- Cristales de aventurina verde
- Cristales de jaspe
- Piedras de cuarzo cristal

HECHIZO

✦ Coloca las ocho velas en línea a lo largo del altar. Coloca los cristales entre cada vela para enlazar las energías.

✦ Sigue este conjuro de esperanza:

«Enciendo estas cuatro velas
e invoco a los cuatro elementos».

Enciende las cuatro primeras velas.

«Enciendo las cuatro siguientes
por los hijos e hijas de la Tierra».

Enciende las siguientes cuatro velas.

«Paso mi cuchillo a través de cada llama,
de izquierda a derecha, despacio y con firmeza.
E insto a todos los humanos:
"¡Atención! ¡Preparados, que esto empieza!"».

Pasa el athame por todas las llamas para instar a la acción.

✦ Ahora alza bien alto el cuchillo limpio:

«¡Rápido, a ayudar a nuestra Tierra, que necesita sanar!
Con fuerza hacia el cielo mi athame me dispongo a elevar.
La llamada a la acción se oye a lo largo y ancho.
Con la ayuda de la humanidad, este planeta quedará sano».

✦ Siente cómo la energía fluye desde tu corazón, sube por el brazo, sale por el cuchillo y colma a la humanidad. Eres una fuente de fuerza que trabaja en nombre de la Madre Tierra para inspirar a todo el mundo a adoptar una actitud de responsabilidad sanadora.

MAGIA PARA LOS ANIMALES

PROPÓSITO DEL HECHIZO: este hechizo protege a los animales y la vida silvestre de las amenazas a su salud y crecimiento, mediante la canalización de la energía sanadora y próspera proveniente de la lluvia y de la Madre Tierra.

MOMENTO SUGERIDO:
Justo antes de que llueva.

INGREDIENTES MÁGICOS:
• Piedras de cuarzo cristal
• Cristales de aventurina verde

ARTÍCULOS NECESARIOS:
• Tiza.
• Pavimento o pizarra.

HECHIZO

✦ Busca de tres a cinco animales a los que te gustaría enviar energía sanadora, sobre todo los que estén en peligro de extinción. Investiga qué aspecto tienen.

✦ Dibuja a los animales en el pavimento o en una pizarra. No importa cuánto talento artístico tengas. Se trata de dibujar a los animales con amor y cuidado. Tu intención es dibujar vibraciones sanadoras.

✦ En sus ojos, coloca los cristales de cuarzo y aventurina para enlazar las energías positivas de la tierra a los dibujos de los animales y, por consiguiente, a los animales mismos.

✦ Cuando termines, extiende las manos sobre los dibujos y conjura:

«Madre bendita, ven aquí con la lluvia,
protege a estos animales, sana su angustia».

✦ Deja los dibujos y los cristales en el exterior para que los limpie el poder de la lluvia. Sé consciente de que la Madre Tierra ha escuchado tu plegaria, ha recogido tu magia y ha otorgado a los animales una nueva protección.

✦ Recoge los cristales y colócalos en un cuenco cerca de una ventana soleada para que la energía mágica siga fluyendo hacia la naturaleza. Repite el proceso cuando lo consideres necesario.

UN TALISMÁN QUE ABRAZA A LOS ÁRBOLES

PROPÓSITO DEL HECHIZO: con este talismán, se busca restablecer y reforzar la salud y la abundancia de la población mundial de árboles. Usa los elementos naturales de los árboles de tu zona y envía una sanación de raíz a todos los árboles de la Tierra.

MOMENTO SUGERIDO:
Luna creciente, luna llena.

ARTÍCULOS NECESARIOS:
- Una rama robusta y seca, caída de un árbol de tu zona, de al menos 30 cm de longitud.
- Athame.
- Hojas, corteza, frutos o piñas de varios árboles de tu zona.

ARTÍCULO (CONT.):
- Cinta o cordel.

INGREDIENTES MÁGICOS:
- Cristales de jaspe
- Piedras de cuarzo cristal
- Aceite de cedro (cantidad necesaria)
- Aceite de eucalipto (cantidad necesaria)

HECHIZO

✦ Talla un pentagrama en un lado de la rama y el símbolo de la Tierra en el otro lado.

✦ Para sellar la magia de estos símbolos, unge el pentagrama con aceite de eucalipto y el símbolo de la Tierra con aceite de cedro.

✦ Ata los extremos de la cinta en cada extremo de la rama, dejando suficiente holgura para colgarla cómodamente de un gancho o clavo en la pared.

✦ Luego, adorna la rama con dijes pequeños. Para ello, usa los ingredientes de los árboles de la zona que hayas recolectado y los cristales, y átalos a la rama con la cinta de modo que queden colgando.

✦ Cuelga la rama de forma que quede derecha contra la pared. Puedes elegir un lugar bajo techo, o tal vez prefieras colgar el talismán en el porche o el patio para que le sople el viento. Tu talismán es una obra de amor sanador, que emana crecimiento y sustentabilidad a todos los árboles del mundo.

RENOVACIÓN DE LA MUNIFICENCIA DE LA TIERRA

PROPÓSITO DEL HECHIZO: usa este ritual de bendición para infundir un aumento amoroso al suministro de alimentos en el mundo y ayudar a sanar las regiones afectadas por la inseguridad alimentaria.

MOMENTO SUGERIDO:
Luna nueva.

ARTÍCULOS NECESARIOS:
• Cuenco de agua tibia.
• Athame.

INGREDIENTES MÁGICOS:
• Tallo de perejil
• 1 cucharadita de ajo en polvo
• 1 cucharadita de jengibre en polvo
• Cristales de aventurina verde
• Cristales de citrino

HECHIZO

✦ Echa las especias y los cristales en el cuenco de agua tibia. Con el athame, revuelve la mezcla en el sentido de las agujas del reloj tres veces para cargarla.

✦ Colócate frente a tus plantas de interior, tu huerta o tu planta favorita de exterior con el tallo de perejil y el cuenco de agua mágica sanadora. Sumerge el perejil en el agua y asperja la planta siete veces.

✦ Mientras asperjas, conjura:

«Lluvia mágica de ajo y jengibre,
destierra lo frágil, que la debilidad no perdure libre.
Por el poder de mi arte, sumerjo esta poción
en amoroso crecimiento y devoción.
Que los cultivos del mundo crezcan fructíferos y altos,
para alimentar a todos nuestros hermanos».

✦ Tira los restos de la mezcla de agua en el exterior, sobre la tierra. Deja los cristales al aire libre durante la noche o en el alféizar de una ventana para que la magia del hechizo se transmita a la tierra.

AGUA LIMPIA Y CRISTALINA

PROPÓSITO DEL HECHIZO: este hechizo de Bruja de la Cocina sirve como poción para curar las impurezas del agua potable y promover el agua limpia para todos los seres humanos.

MOMENTO SUGERIDO:
Luna llena.

ARTÍCULOS NECESARIOS:
- Cacerola con tapa.
- Gasa.

ARTÍCULOS (CONT.):
- Frasco grande.
- 1 limón en rodajas.

INGREDIENTES MÁGICOS:
- 3 ramitas de menta fresca
- 1 taza de hojas de salvia fresca o ¼ de taza de salvia seca

HECHIZO

✦ Llena la cacerola con tres tazas de agua. Caliéntala a fuego fuerte y llévala rápido a hervor.

✦ Echa la menta en el agua hirviendo y di:

«Menta, haz tu magia protectora».

✦ Echa las rodajas de limón en el agua hirviendo y di:

«Limón, haz tu magia de limpieza».

✦ Echa las hojas de salvia en el agua hirviendo y di:

> *«Salvia, haz tu magia sanadora».*

✦ Reduce el fuego a mínimo. Deja que la mezcla se reduzca y hierva durante más o menos una hora mientras se combinan las propiedades mágicas. Cuando esté lista, retira la mezcla del fuego, cuela las hierbas y el limón con una gasa y deja enfriar el agua. Desecha o composta las hierbas y el limón.

✦ Vierte el agua enfriada en un frasco y déjala cargándose bajo la luna llena. Al día siguiente, lleva el agua mágica a una fuente natural de agua corriente de tu zona o, si eso no es posible, usa el desagüe del fregadero. Vierte el agua mágica en la fuente de agua natural o en el desagüe y sé consciente de que su poder limpiador y sanador se ha dispersado en las aguas dulces de nuestro planeta.

AIRE LIMPIO Y PURO

PROPÓSITO DEL HECHIZO: en este hechizo, se usa el poder del humo para limpiar el aire y enviar energía sanadora del aire a todo el mundo.

MOMENTO SUGERIDO:
Luna menguante, luna nueva.

ARTÍCULOS NECESARIOS:
- Encendedor.
- Cenicero.
- Cordel.

ARTÍCULOS (CONT.):
- Placa para hornear galletas.

INGREDIENTES MÁGICOS:
- Atado de salvia, orégano y romero frescos
- 3 gotas de aceite de lavanda

HECHIZO

✦ Para armar el atado, sujeta con el cordel los tallos de salvia, orégano y romero frescos en forma de bastón. Enrosca bien el cordel alrededor de las hierbas, ya que se encogerán en el proceso de secado. Para cargar el atado, aplica tres gotas de lavanda en la punta y traza con el dedo un pentagrama en el manojo.

✦ Calienta el horno a 80 °C. Coloca el atado en una placa para hornear galletas y hornéalo durante dos horas. Ajusta el tiempo si es necesario. Cuando el atado esté completamente seco, sácalo del horno y déjalo enfriar. Corta el cordel y quítalo todo, ya que el manojo debería estar compactado por el proceso de secado.

Manipula el manojo con cuidado, ya que las hierbas secas son que-
bradizas.

✦ Dirígete al ambiente favorito de tu casa. Debe ser un lugar en el
que te sientas inspirada, cómoda y segura. Fíjate que haya un poco
de espacio libre en el suelo para que puedas maniobrar. Abre todas
las ventanas de la habitación y deja que entre el aire fresco. Siente
cómo ese aire se une a la energía cálida de tu hogar y a la intención
sanadora que estableciste al crear el atado de hierbas mágicas.

✦ Si lo deseas, pon música de meditación. Céntrate con una meditación sobre la luminosidad de la alegría y la plenitud. Enciende el
atado. Camina lentamente en círculo, en el sentido de las agujas
del reloj, alrededor de la habitación con el atado encendido en una
mano. Sostén un cenicero debajo del atado para recoger las brasas
que puedan caer. Deja el encendedor cerca por si el atado se apaga y tienes que volver a encenderlo. Esto es común, sobre todo si
te mueves muy deprisa. Nada más vuelve a encender el atado y
vuelve a encender tu intención.

✦ Mientras caminas, haz figuras de ochos con el atado ardiente. El
ocho es el número de las transformaciones. Observa cómo las hierbas que se van quemando transforman la habitación con una doble
cualidad, compuesta por la luminosidad ahumada y el aroma terroso
del anclaje energético. Apóyate en esta energía poderosa y envía
tus intenciones sanadoras por las ventanas, con todas tus fuerzas. A
medida que el aire y los olores salgan por las ventanas, se transfor-
mará y mejorará la calidad del aire de la Tierra. Quema el atado por
completo. Cuando se apague, cierra las ventanas para que la energía
siga su camino sanador.

PROTEGER LA NATURALEZA SILVESTRE

PROPÓSITO DEL HECHIZO: la humanidad honra y protege a la Madre Tierra designando maravillas naturales como parques nacionales y reservas de vida silvestre. En este ritual, se usa la energía del proceso creativo, la brujería *creatrix*, para enviar vibraciones sanas y plenas que protegerán nuestras maravillas y nuestros espacios naturales más sagrados.

MOMENTO SUGERIDO:
Luna llena.

ARTÍCULOS NECESARIOS:
- Cartulina.
- Fotos de revistas o imágenes impresas de maravillas naturales que te gusten.

ARTÍCULOS (CONT.):
- Cinta adhesiva.
- Rotulador.
- Bastoncillo de algodón.

INGREDIENTES MÁGICOS:
- 4 hojas de menta fresca
- Aceite de ylang-ylang

HECHIZO

✦ Primero, dibuja el símbolo de la Tierra en el centro de la cartulina. Dibuja los símbolos de los cuatro elementos, uno en cada esquina. Aplica una pequeña cantidad de ylang-ylang en el bastoncillo de algodón y traza los símbolos con el aceite para sellar su intención protectora y sanadora.

◆ Arma un *collage* de belleza natural. Inspírate en las maravillas que tenemos la suerte de contemplar. Siente gratitud por la generosidad de la Tierra. Fija las imágenes a la cartulina con cinta adhesiva, mientras dices el nombre del lugar que aparece en la imagen.

◆ Deja tu creación terminada bajo la luz de la luna llena. Séllala colocando una hoja de menta sobre cada símbolo de los elementos. A la mañana siguiente, cuelga el cuadro en algún lugar de tu casa que sea significativo para ti. Añade las hojas de menta al té, chocolate caliente, café o agua helada que bebas por la mañana para llevar contigo al mundo esta intención sanadora y protectora.

SAL DE LOS SEIS CONTINENTES

PROPÓSITO DEL HECHIZO: este hechizo une los seis continentes, y a todos sus habitantes, en una poción de sal verde protectora y sanadora.

MOMENTO SUGERIDO:
Luna llena.

INGREDIENTES MÁGICOS:
• 6 hojas secas de laurel

ARTÍCULOS NECESARIOS:
• Mortero con mano.
• Tinta negra.
• ½ taza de sal.

HECHIZO

✦ En cada hoja de laurel, escribe el nombre de uno de los continentes: América, Asia, Oceanía, África, Antártida y Europa.

✦ Tritura un poco las seis hojas de laurel en el mortero y añade la sal.

✦ Machaca las hojas de laurel y la sal juntas durante diez o quince minutos. Esto es esfuerzo. Este es el trabajo de unir diferentes elementos. Este es un resultado amoroso y sanador. La Tierra nos da todas las herramientas mágicas que necesitamos para sanar y hacer cambios positivos, así que entrelacemos todas las tierras en una unidad de apoyo.

✦ La sal verde estará lista cuando esté fina y totalmente verde, sintetizada con energía sanadora.

✦ Sostén tus manos cansadas sobre la mezcla, con las palmas hacia abajo, y conjura:

«Con esfuerzo, con trabajo, en nombre de la unidad del mundo,
he creado la sal verde para sanar en lo profundo.
Que brote de la tierra un nuevo orden de compasión.
Un mundo sanado formaremos, unámonos en la misión».

✦ Usa la sal verde en procesos mágicos para sanar y proteger los recursos naturales y a los habitantes de la Tierra con la ayuda del poder de los seis continentes.

OCÉANOS AZULES

PROPÓSITO DEL HECHIZO: este hechizo emana energía sanadora por todo el mundo, a los cinco océanos y sus habitantes.

MOMENTO SUGERIDO:
Luna creciente, luna llena.

ARTÍCULOS NECESARIOS:
- 5 frascos o cuencos pequeños.
- 1 pecera vacía, jarra de agua, florero u otro recipiente grande de vidrio.

ARTÍCULOS (CONT.):
- 2 tazas de agua.
- Cinta azul.

INGREDIENTES MÁGICOS:
- 1 ramita de romero
- 1 cristal de fluorita
- 5 gotas de aceite de incienso

HECHIZO

✦ Reparte las dos tazas de agua en partes iguales entre los cinco cuencos o frascos pequeños.

✦ Coloca una gota de aceite en cada cuenco. Mientras tanto, di el nombre de cada océano para invocar su atención: Pacífico, Atlántico, Índico, Antártico y Ártico.

✦ Echa la fluorita en el centro del recipiente grande de vidrio vacío. Uno a uno, vierte cada cuenco de agua en el recipiente, pronunciando de nuevo los nombres de los océanos. Mientras viertes cada cuenco, observa cómo las aguas se unen a la vez que la fluorita curativa las toca todas. Comprende cómo todos nuestros océanos están conectados y cómo confían en el poder del individuo para sanar.

✦ Ata bien la cinta alrededor de la parte superior del borde del recipiente. Haz cinco nudos para sellar la cinta mientras invocas de nuevo el nombre de cada océano.

✦ Por último, sella la intención sanadora de la mezcla dibujando cinco veces un pentagrama en el agua con la ramita de romero. Coloca el cuenco cerca de una ventana soleada y déjalo en el exterior hasta que el agua se evapore. La energía mágica que has creado ha vuelto al cielo y volverá como lluvia a los océanos de la Tierra con poder sanador.

CURAR LA TIERRA
DE LAS INUNDACIONES

PROPÓSITO DEL HECHIZO: este hechizo ayuda a detener las inundaciones y a devolver el equilibrio a la Tierra dañada.

MOMENTO SUGERIDO:
Luna llena, luna menguante.

ARTÍCULOS NECESARIOS:
- Cuenco de tierra seca.
- Athame.
- Recipiente con agua.
- Esponja grande.

INGREDIENTES MÁGICOS:
- ½ cucharadita de ajo en polvo
- ½ cucharadita de cúrcuma en polvo
- 3 gotas de aceite de menta
- 3 gotas de aceite de eucalipto

HECHIZO

✦ Con el athame, mezcla el ajo y la cúrcuma en la tierra, revolviendo en el sentido de las agujas del reloj siete veces.

✦ Mezcla los aceites en el agua con el athame, revolviendo en el sentido de las agujas del reloj siete veces.

✦ Sumerge la esponja en el agua mágica. Mientras lo haces, medita sobre la acción de alejar el agua.

✦ Llévala al cuenco de tierra mágica y exprímela de modo que toda el agua caiga sobre la tierra. Medita sobre la receptividad de la tierra al agua. Repite este proceso siete veces.

✦ Esparce la tierra sobre tus plantas de interior y por el jardín, o guárdala en un frasco para emanar energía sanadora y receptiva a lugares acechados por las inundaciones.

CURAR LA TIERRA DE LOS INCENDIOS FORESTALES

PROPÓSITO DEL HECHIZO: este hechizo invoca el poder del agua, la tierra y la acción humana para calmar los incendios forestales y sanar la Tierra devastada por las llamas.

MOMENTO SUGERIDO:
Luna nueva, luna creciente.

ARTÍCULOS NECESARIOS:
- 3 velas.
- Encendedor.
- Pequeño cuenco con agua.

ARTÍCULOS (CONT.):
- Pequeño cuenco de sal o tierra.
- Tarro vacío con tapa.

INGREDIENTES MÁGICOS:
- ½ cucharadita de manzanilla
- Cristales de cuarzo ahumado

HECHIZO

✦ Coloca las tres velas en el altar, en línea horizontal.

✦ Coloca el cuenco de agua frente a la primera vela, el cuenco de sal frente a la vela del medio y el frasco vacío con tapa frente a la tercera vela.

✦ Céntrate y enciende las velas una por una para aprovechar la energía del fuego.

✦ Apaga la primera vela sumergiendo la llama en el cuenco de agua, mientras conjuras:

«Que caigan aguas curativas y fluyan aguas sanadoras,
apaga el fuego, penetra en la tierra, sembrarás nueva flora».

✦ Apaga la segunda vela sofocando la llama en la sal mientras conjuras:

«Que la Tierra resista las llamas ardientes,
que rejuvenezcan los terrenos humeantes,
que se calmen las selvas y sanen los bosques,
que de los restos la renovación brote».

✦ Vierte la sal y el agua en el frasco vacío. Pon también la manzanilla y el cuarzo ahumado.

✦ Apaga la tercera vela de un soplido. Recoge el humo dentro del frasco de sal y agua y ciérralo rápidamente. Conjura:

«Ahora que mi aliento apagó la llama danzarina,
dejemos que la acción humana sea nuestra guía.
Para sanar a nuestra Madre Tierra nos unimos.
Así se hace, como decimos».

✦ Mezcla el contenido del frasco tres veces y déjalo bajo la luna llena para que se cargue por completo. Por la mañana, echa el contenido del tarro de vuelta en la tierra. Coloca el cristal en un cuenco de agua fresca durante un rato, para limpiar la energía que absorbió al curar la tierra de los incendios forestales.

CURAR LA TIERRA
DE LAS SEQUÍAS

PROPÓSITO DEL HECHIZO: este hechizo ayuda a curar zonas de la Tierra afectadas por la sequía.

MOMENTO SUGERIDO:
Luna creciente.

ARTÍCULOS NECESARIOS:
- Piedra con forma de esfera o de cuarzo cristal.
- Cuenco pequeño.

INGREDIENTES MÁGICOS:
- ½ taza de manzanilla seca
- 3 gotas de aceite de bergamota

HECHIZO

✦ Comienza este hechizo durante el período de luna creciente.

✦ Coloca la manzanilla en el cuenco pequeño. Con el dedo, traza el símbolo del agua en las hierbas para cargar, principalmente, sus propiedades acuáticas.

✦ Elige una piedra esférica o de cuarzo cristal para representar la Tierra.

✦ Sujétala con cuidado entre las manos ahuecadas y cerradas, y recita:

«Madre Tierra, que sufres de sed,
te imparto amor sanador para soportar lo peor.
Envío lluvias curativas a tus llanuras drenadas.
Tu suelo renovado, tu fauna cuidada».

✦ Coloca la piedra en el cuenco de manzanilla y cúbrela con las hierbas. Unge la mezcla con tres gotas de aceite de bergamota para sellar la intención de extraer agua. Deja el cuenco junto a una ventana iluminada por la luna hasta la noche de luna llena.

✦ Durante la luna llena, saca la piedra de la manzanilla y acércala al agua corriente. Mete la roca en el agua y deja que esta lleve su energía a la región afectada por la sequía. Si no puedes acceder fácilmente a un mar, lago, arroyo o riachuelo, echa la piedra a una alcantarilla o sácala del patio empujándola con el agua de una manguera. La intención es dejar que el poder del agua que has manifestado siga su camino sanador.

TALISMÁN DE CALABAZA PARA EL PLANETA

PROPÓSITO DEL HECHIZO: crea este talismán para que sea un faro de luz sanadora para el planeta Tierra.

MOMENTO SUGERIDO:
Luna llena, Samhain.

ARTÍCULOS NECESARIOS:
- Athame o cuchillo de trinchar.
- Calabaza.
- Vela.

ARTÍCULOS (CONT.):
- Encendedor.

INGREDIENTES MÁGICOS:
- Cristales de aventurina verde
- Aceite de cedro (cantidad necesaria)

HECHIZO

✦ Para abrir la calabaza, corta un círculo alrededor del tallo y retíralo. Limpia el interior de la parte superior y resérvala. Saca todo el contenido de la calabaza e incorpóralo al compost. Mientras tanto, imagina que la calabaza es el planeta Tierra; tu intención es limpiar la energía que impide que la Tierra sane.

✦ Talla unos símbolos sanadores en la calabaza. Puedes tallar el símbolo de la Tierra, aunque tal vez prefieras un pentagrama, un corazón o un sigilo creado por ti. ¡Da rienda suelta a tu creatividad amorosa!

✦ Cuando hayas terminado de tallar los símbolos sanadores, unge la vela con el aceite curativo de cedro y colócala en el centro de la calabaza. Rodea la vela con aventurina verde.

✦ Cuando esté todo listo, enciende la vela, vuelve a colocar la parte superior de la calabaza y conjura:

> *«Fruto de la tierra, redondo y brillante,*
> *sirve esta noche mi ruego a tu Madre.*
> *Cortada y vestida con amor y cuidado,*
> *tu luz envía sanación a todos lados.*
> *De este a oeste, de norte a sur,*
> *desde la montaña hasta el río tu luz.*
> *De los cañones profundos a los anchos mares,*
> *tu luz sanadora permanece ahora».*

✦ Tu lámpara de calabaza emite luz brillante y sanadora por todo el mundo.

HECHIZO GRUPAL
PARA SANAR LA TIERRA

PROPÓSITO DEL HECHIZO: en este hechizo, se usa la potente energía de un grupo devoto para elevar energía sanadora y dirigirla a la Madre Tierra.

MOMENTO SUGERIDO:

Luna llena.

ARTÍCULOS NECESARIOS:

- Manzana grande.
- Cuenco y cuchara pequeña.
- Pelador de manzanas.
- Athame.

ARTÍCULOS (CONT.):

- 7 velas.
- Encendedor.

INGREDIENTES MÁGICOS:

- 2 cucharadas de canela
- 1 cristal de aventurina verde
- 1 piedra de cuarzo cristal

HECHIZO

✦ Reúne a todos los miembros del grupo alrededor de una mesa.

✦ Coloca el cuenco en el centro de la mesa. Echa la canela en el cuenco. Coloca encima la manzana. Coloca los cristales a ambos lados de la fruta. Rodea el cuenco con las siete velas.

✦ Una vez preparado, quien lidere el hechizo debe pedir silencio y llevar la atención de todos a la manzana del cuenco para centrarse. La persona a cargo debe mencionar que la manzana representa la Tierra, la canela simboliza el anclaje y el éxito del hechizo, y los cristales representan la sanación verde.

LÍDER:

«Siete velas esta noche tenemos, siete velas encenderemos.
Nuestra magia enviada a los siete continentes,
a la flora, a la fauna, a todos los habitantes.
Nuestra magia fluye a los siete mares,
hábitats marinos, os invocamos, grandes».

Quien lidera enciende las siete velas.

LÍDER:

«La energía sanadora ahora es invocada.
Estas llamas curativas, ahora avivadas,
arden fuertes y brillantes, llegan a todo el planeta.
En devoción sanadora, nuestro hechizo se concreta».

Quien lidera toma la manzana del cuenco.

LÍDER:

«Manzana redonda y salubre, para nosotros eres la Tierra.
Te estrechamos con manos de cuidado.
Envía amor sanador a todos lados».

Quien lidera sujeta la manzana cerca de su corazón y luego se la pasa al siguiente participante.

✦ El siguiente participante acerca la manzana a su corazón y repite el conjuro:

«Manzana redonda y salubre, para nosotros eres la Tierra.
Te estrechamos con manos de cuidado.
Envía amor sanador a todos lados».

✦ Repite con cada uno de los participantes.

✦ Cuando la manzana llega de nuevo a la persona que está a cargo, la sostiene en alto y dice:

«Por el poder de la voluntad de este grupo,
liberamos a la Tierra de todos los males juntos».

✦ Quien lidera pela la manzana para eliminar la energía negativa.

✦ La persona a cargo corta la manzana en tantas rodajas como participantes haya y le da una a cada persona.

✦ Si lo desean, los participantes pueden echar a la manzana un poco de la canela del cuenco con la cuchara.

LÍDER:

«Comemos juntos ahora, la manzana dulce y poderosa.
Apreciamos este regalo de la Tierra,
honramos el valor de la naturaleza.
A lo largo y a lo ancho, desde el bosque hasta el mar,
sanamos nuestro planeta, que así sea y así será».

TODOS:

«Que así sea».

✦ Todos comen de la manzana para sellar el hechizo de sanación terrenal.

✦ Por el poder de la voluntad del grupo, la sanación mágica se dispersa a lo largo y a lo ancho, generando un cambio duradero y positivo.

10

IDEAS DE CIERRE

L a brujería para la sanación es un proceso bello y amoroso, digno de devoción para toda la vida. Mi esperanza es que puedas volver a este texto una y otra vez cuando te surjan situaciones que requieran sanación. Este tipo de brujería también es muy personal y genera un impacto muy profundo. Usa estos hechizos como base para tejer y profesar tu estilo único y propio de cambiar el mundo. Cuanto más auténtico sea el trabajo de la bruja, más poderoso será el resultado, así que asumamos con valentía nuestro poder sanador y creemos magia curativa con orgullo. Demos un paso adelante y vivamos la magia que creamos.

GLOSARIO

La brujería tiene su propia forma de describir y nombrar las cosas. Estos son algunos términos comunes de brujería que encontrarás en este libro y sus significados.

AMULETO: objeto que lleva una persona para atraer a sí misma la buena suerte o una energía específica.

UNGIR: aplicar aceite ritual.

ASPERJAR: rociar un líquido con intención mágica.

ATHAME: cuchillo ritual.

LIBRO DE LAS SOMBRAS: colección personal de procesos mágicos y conocimientos de una bruja.

INVOCAR A LOS ELEMENTOS: ritual al comienzo de un hechizo en el que se invocan los cuatro puntos cardinales y los elementos.

CHAKRAS: término sánscrito que se refiere a los siete centros energéticos del cuerpo humano.

CÁLIZ: copa ceremonial que representa el elemento agua.

CARGA: el proceso de llevar un elemento, en particular los cristales, a la plena potencia después de su uso o creación mágica.

TALISMANES: los talismanes son objetos o un conjunto de objetos que invocan una energía determinada. Los talismanes atraen la energía de su contenido.

CORRESPONDENCIAS: propiedad metafísica de un objeto que tiene la misma energía que la intención del proceso mágico que se realiza.

BRUJERÍA CREATRIX: costumbre de lanzar hechizos creando arte u objetos de artesanía.

GRIMORIO: libro de conocimientos generales de brujería, muchas veces transmitido de generación en generación.

ANCLAJE (TAMBIÉN LLAMADO «CENTRAMIENTO»): proceso para alcanzar la calma en el que conectamos nuestra mente con el cuerpo y la tierra.

CONJURO: palabras predeterminadas que se recitan durante un hechizo o como hechizo para generar fuerza mágica.

INTENCIÓN: fuerza de voluntad enfocada hacia un resultado específico.

MORTERO CON MANO: recipiente (mortero) e instrumento romo (mano) utilizados para moler plantas y hierbas.

PENTAGRAMA: estrella de cinco puntas que representa los cuatro elementos y el espíritu, dibujados en proporción divina.

MONIGOTE: imagen o muñeco utilizado para representar a otra persona en los hechizos.

POCIÓN: brebaje elaborado intencionadamente con ingredientes mágicos a fin de generar cambios.

PRAXIS: la práctica, diferenciada de la teoría, con la que se suma sabiduría además de conocimientos.

RITUAL: un ritual es un conjunto premeditado de pasos mágicos que honran o invitan a una energía elegida, con el objetivo de alinear, limpiar y mejorar en lugar de cambiar o transformar.

BOLSITA: pequeña bolsa de hierbas u otras herramientas mágicas utilizadas para atraer energía.

SIGILO: símbolo dibujado para representar una entidad o una idea con fines mágicos.

HECHICERÍA: magia intencional; manipulación o canalización de energía como medio para alcanzar un fin mediante pasos y métodos específicos.

MAGIA SIMPÁTICA: magia realizada en nombre de otra persona o entidad.

TERCER OJO: término con que se designa la glándula pineal, situada en la frente, un lugar de intuición y percepción más allá de lo ordinario.

RUEDA DEL AÑO: ocho *sabbats* (festividades) que componen el calendario pagano.

SABIDURÍA HERBARIA O *WORTCUNNING*: conocimiento y uso de las plantas en la sanación.

RECURSOS

CARTA ASTRAL: puedes acceder a una calculadora de la carta astral gratuita así como sugerencias de libros al respecto en https://witchwithme.com/birth-chart/ (en inglés).

Puedes hacer el TEST DE MYERS-BRIGGS en Myersbriggs.org.

EL TEST DEL ENEAGRAMA está disponible en EnneagramInstitute.com.

AGRADECIMIENTOS

Estaré siempre agradecida por las energías que se alinearon para hacer de este libro una realidad, y esas energías están encarnadas en mi sistema de apoyo. El trabajo de manifestación es un esfuerzo grupal, y tengo la suerte de estar rodeada de los mejores.

A mi esposo, Mike: endulzas las victorias, suavizas las decepciones, mantienes el curso y amas sin cesar. Gracias por sanarme todos y cada uno de los días. Eres mi momento mágico original.

A mis hijos, Grayson y Jack: que conozcáis un mundo sanado. Que siempre levantéis a los demás y sepáis que podéis volver a casa a centraros. Que iluminéis el camino pero dejéis espacio para la oscuridad. Que crezcáis fuertes y seáis una fuerza del bien. Mamá os quiere.

A mis padres: es gracias a vuestros cimientos, vuestro amor, vuestra abundancia y la hermosa vida que habéis construido juntos por lo que estoy aquí, sin miedo a asumir el camino de mi vida como bruja. No se me ocurre un mejor objetivo de crianza que crear un entorno para mis hijos que les permita vivir su yo más verdadero, auténtico y feliz; vosotros lo habéis conseguido con creces. Gracias, que Dios os bendiga y os quiero.

A Kathy, Michelle y Mike: estoy muy agradecida por nuestra locura. Gracias por estar en mi club de gente bella.

A mis amigos, especialmente a las Madmoms, KNC, Knotties, Grampa Dave, Natalie, Skelly, Laura e incluso Spike: vuestro amor, vuestras risas y vuestro apoyo han hecho posible toda una vida de aventuras, lecciones y recuerdos de valor incalculable. *Oh yeah, all right, take it easy, baby, make it last all night.*

A mi sistema de apoyo mágico, sobre todo a Louisa, Briony y Josie. Vosotras, las brujas, me alegráis el corazón con verdadera magia.

Y a toda la comunidad de Witch With Me, me inspiráis sin cesar.

A mi equipo de Penguin Random House, sois sencillamente los mejores. A Meg Ilasco, a Debbie Reyhan y sobre todo a Susan Randol. Gracias por guiar a esta bruja «verde» a través del proceso e impulsar este libro hasta donde tenía que estar para ayudar a sanar el mundo.

A Gran E., Nanny, Poppop, mi tía Helen y Holmie. Os siento siempre conmigo. Espero haceros sentir orgullosos.

ACERCA DE LA AUTORA

MEG ROSENBRIAR es una bruja del cerco especializada en el trabajo energético sanador, la herboristería, el tarot, el yoga, la numerología y la adopción de un estilo de vida intencional y mágico. Ha estudiado espiritualidad durante toda su vida, se licenció en Estudios Religiosos en Merrimack College y obtuvo un máster en la Facultad de Teología de la Universidad de Yale. Es cofundadora de Witch With Me, una plataforma comunitaria hecha por brujas para brujas dedicada a descubrir, honrar, preservar y compartir la brujería auténtica. Meg vive con su esposo y sus dos hijos en la costa de Connecticut.